Wo der Pfeffer wirklich wächst und wozu man Seemannsgarn braucht

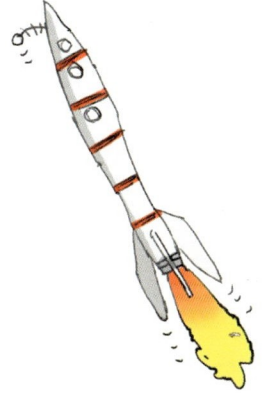

Über 100 schlaue Antworten auf clevere Kinderfragen

FISCHER Meyers Kinderbuch

Hallo, liebe Leserin!
Hallo, lieber Leser!

Woher hat der Flohmarkt eigentlich seinen Namen? Wie funktioniert ein Leuchtturm? Und können Blumen wirklich Sonnenbrand kriegen? Schlaue Fragen – hier gibt es die Antworten! Lies das Buch von vorne nach hinten durch oder schlage einfach eine Seite auf und lass dich überraschen, wo du landest: Du wirst auf jeden Fall etwas Spannendes zu lesen finden.

Falls du Lust hast, zu testen, was du alles weißt, gibt es in diesem Buch zwölf Quizseiten. Bei welchem Thema kennst du dich am besten aus?

Die Lösungen zu allen Quizfragen findest du auf den Seiten 138–143.

Viel Spaß beim Schmökern, Rätseln und Staunen!

Sterben Bienen, wenn sie gestochen haben?

Das hängt ganz davon ab, wen sie gestochen haben, oder besser: davon, wie dessen Haut beschaffen ist. Bienenstacheln haben Widerhaken. Wenn das Insekt einen Menschen oder ein Wirbeltier sticht, bleibt der Stachel in der Haut des Gestochenen stecken. Die Haut eines Menschen hat mehrere Schichten und ist relativ dick, sodass die Biene ihren Stachel nicht wieder herausziehen kann. Dennoch versucht sie es, reißt dabei aber einen Teil von ihrem Körper ab, den Stechapparat. An dieser Verletzung stirbt sie.

Anders verhält es sich, wenn die Biene andere Insekten sticht. Deren Körper ist aus verschiedenen Teilen (Segmenten) zusammengesetzt. Die Biene sticht in den weichen Zwischenraum zwischen diesen Segmenten, wo ihre Widerhaken nicht hängen bleiben, und bekommt den Stachel wieder heraus.

Hat ein Regenwurm Zähne?

Beim Umgraben im Garten findet man häufig
Regenwürmer. Bekanntlich sind sie richtige Viel-
fraße, die sich ihren Weg durch die Erde futtern.
Wer so viel mampft, braucht sicher gute Zähne.
Doch wo sitzen die? Das Suchen kann man sich
sparen, denn Regenwürmer haben keine Zähne.
Sie nehmen ihre Nahrung durch Saugen und
Pumpen auf. Wenn ein Regenwurm zum Beispiel
ein Blatt verspeist, feuchtet er es erst mit einer
speziellen Flüssigkeit an, die das Blatt zersetzt.
Dann kann er es wie eine Nudel einsaugen.

Wie dick ist Elefantenhaut?

Da Elefantenhaut nicht an allen Stellen gleich dick ist, lässt sich die Frage nicht so leicht beantworten. Am dicksten ist sie mit etwa 3 cm an besonders empfindlichen Stellen wie hinter den Ohren, an den Augen sowie an Bauch, Brust und den Seiten. An anderen Stellen hingegen erreicht sie gerade mal Papierstärke. Doch egal, ob dick oder dünn, Elefantenhaut ist immer faltig und fühlt sich an wie ein Radiergummi. Dafür verantwortlich sind warzenförmige Wölbungen der Oberhaut. Übrigens ist Elefantenhaut an vielen Stellen äußerst empfindlich. Angeblich bemerkt der Dickhäuter sogar, wenn ein größeres Insekt auf seinem Rücken landet.

Warum können Eulen ihren Kopf in alle Richtungen bewegen?

Die meisten Eulen leben im Wald und jagen bei Nacht. Daher haben sie besondere Augen, mit denen sie Gegenstände und Beutetiere räumlich sehen und so Entfernungen und Geschwindigkeiten abschätzen können. Allerdings sind die Augen von Eulen unbeweglich. Stattdessen können die Vögel ihren Kopf in jede Richtung wenden und ihr Sichtfeld dadurch erweitern.

Übrigens verfügen Eulen über ein leistungsstarkes Gehör. Sie haben keine runden Ohröffnungen wie andere Vogelarten, sondern lange, schlitzförmige. Zudem tragen viele Eulen einen Gesichtsschleier aus besonders geformten Federn am vorderen Kopf. Diese verstärken Geräusche und lenken die Schallwellen zu den Ohren.

Gibt es wirklich Fliegende Fische?

Es gibt tatsächlich Fische, die fliegen können. Zwar bewegen sie sich nicht so lange und so elegant durch die Lüfte wie Vögel, doch schaffen sie immerhin eine Strecke von bis zu 400 m. Die Fliegenden Fische, zu denen knapp 140 Arten gehören, leben in den wärmeren tropischen und subtropischen Meeren. Sie haben große und breite Brustflossen, mit denen sie durch die Luft gleiten. Fliegende Fische schwimmen dicht unter der Wasseroberfläche. Wollen sie starten, schlagen sie kräftig mit der Schwanzflosse, bis sie Geschwindigkeiten von etwa 70 km/h erreicht haben. Dann schießen sie aus dem Wasser.

Übrigens können sich Fliegende Fische auch senkrecht in die Höhe katapultieren. Manche Arten springen so bis zu 8 m hoch.

Warum kräht der Hahn so früh am Morgen?

Wenn frühmorgens der Tag anbricht, begrüßt ihn der Hahn auf dem Bauernhof mit lautem Krähen. Damit teilt er allen Hühnern mit, dass er noch da ist. Den anderen Hähnen zeigt er mit dem Krähen, dass er hier das Sagen hat.

Der Hahn verhält sich wie jeder andere Vogel auch, denn wer frühmorgens nach draußen lauscht, der hört dort kurz vor Sonnenaufgang viele Vögel zwitschern. Allerdings kann der Hahn nur krähen – und das ziemlich ausdauernd, denn er ist den größten Teil des Tages zu vernehmen. Erst am Nachmittag geht ihm allmählich die Puste aus, und er gibt Ruhe bis zum nächsten Morgen.

Wie trinken Frösche?

Frösche fressen zwar, aber sie trinken nicht. Dennoch brauchen sie genau wie alle anderen Lebewesen Flüssigkeit. Und die nehmen sie über ihre sehr dünne Haut auf. Sie hat eine feuchtschleimige Oberfläche, wird von feinen Blutgefäßen durchzogen und ist durchlässig. In trockener Umgebung wird die Froschhaut hart und undurchlässig, weshalb die Tiere außerhalb des Wassers stets feuchte Stellen aufsuchen. Viele Frösche leben in den tropischen Regenwäldern, darunter auch die sehr giftigen Pfeilgiftfrösche.

Die giftigsten Tiere

1 Pfeilgiftfrosch Mittel- und Südamerika
2 Kugelfisch Tropische Meere
3 Würfelqualle Tropische und subtropische Meere
4 Blauring-Krake Pazifik (Australien, Südostasien)
5 Plattschwanz-Seeschlange Indischer und Pazifischer Ozean

Wenn der Frosch in einem Teich oder Bach unterwegs ist, nimmt er Wasser auf und speichert es in Lymphsäcken unter der Haut und in seiner Harnblase. Hat das Tier Durst, gelangt die Flüssigkeit aus diesen Speichern in den Körper.

Übrigens nehmen Frösche nicht nur Feuchtigkeit auf, sondern auch Sauerstoff. Dieser gelangt durch die vielen Blutgefäße in der Haut direkt ins Blut. Daher können Frösche sogar einige Minuten unter Wasser bleiben, obwohl sie keine Kiemen wie Fische haben, sondern Lungen wie Menschen.

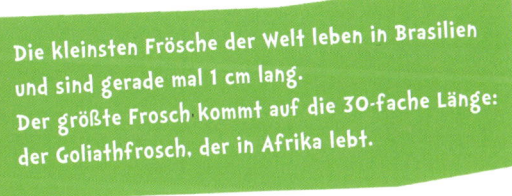

Die kleinsten Frösche der Welt leben in Brasilien und sind gerade mal 1 cm lang.
Der größte Frosch kommt auf die 30-fache Länge: der Goliathfrosch, der in Afrika lebt.

Warum geben Kühe eigentlich Milch?

Kühe auf dem Bauernhof geben nicht automatisch Milch. Genau wie bei allen anderen Säugetieren ist die Milch eigentlich für das Jungtier da, also für das Kalb, das am Euter saugt. Die Kuh gibt fast ein Jahr lang Milch. Entwöhnt man das Kalb schneller, können wir die Milch nutzen, zum Beispiel trinken oder zu Butter verarbeiten. Und wenn die Kuh jedes Jahr Nachwuchs bekommt, produziert sie auch weiterhin Milch.

Welche Tiere halten sich Haustiere?

Kaum zu glauben, aber Ameisen halten sich Haustiere, und zwar Blatt- und Schildläuse. Diese haben für die kleinen Krabbler die gleiche Bedeutung, die Kühe für uns haben. Zwar geben die Läuse keine Milch, sondern aber Honigtau ab, einen süßen Saft, den die Ameisen lieben.

Läuse ernähren sich von Saft, an den sie gelangen, wenn sie die Pflanze anstechen. Sie nehmen jedoch viel mehr davon auf, als sie selbst verwerten können. Die übrig gebliebene Flüssigkeit scheiden die Läuse als Honigtau wieder aus.

Damit es ihren „Haustieren" auch gut geht und sie möglichst viel Honigtau abgeben, haben sich die Ameisen etwas einfallen lassen: Sie massieren den Läusen so lange den Hinterleib, bis sich dort ein feiner Tropfen Honigtau bildet.

Mögen Igel Milch?

Igel mögen Milch, können sie aber nicht verdauen. Deshalb sollte man einem Igel, der durch den heimischen Garten raschelt, niemals ein Schälchen Milch hinstellen. Wenn er sie zu sich nimmt, bekommt er Durchfall und wird krank. Am liebsten trinken Igel Wasser – das schadet ihnen auch nicht.

Eine weitere Annahme lautet, dass Igel gerne Nacktschnecken fressen, die für viele Pflanzen schädlich sind. Auch das stimmt nicht, denn die relativ langen Tiere sind ziemlich schleimig und schmecken bitter. Darauf verzichtet der Igel lieber. Er frisst höchstens mal kleinere Schnecken. Viel lieber aber futtert der Stachelhäuter Insekten. Auch bei faulem Obst sagt er nicht Nein und knabbert daran.

Warum fliegen Insekten immer zum Licht?

In warmen Sommernächten geben sich die unterschiedlichsten Insekten häufig an den Straßenlaternen ein Stelldichein. Das tun sie, weil sie das Licht für den Mond halten.

Insekten fliegen zwar im Dunkeln, brauchen dabei aber trotzdem Licht zur Orientierung. Daher benutzen sie den Mond als Orientierungspunkt, denn er ist die hellste natürliche Lichtquelle. Da er fest am Himmel zu stehen scheint, fliegen die Insekten im immer gleichen Winkel zu ihm und damit geradeaus.

Wenn ein Insekt nun eine Lampe sieht, ist diese plötzlich der hellste Orientierungspunkt. Da sie viel näher liegt als der Mond, die Tiere aber im gleichen Winkel fliegen, kommen sie dem Licht der Lampe immer näher.

Warum leuchten Katzenaugen im Dunkeln?

Wer manchmal durch die Nacht geht, hat sicher schon einmal die funkelnden grünen Augen einer Katze gesehen. Ihre Augen strahlen im Dunkeln Licht zurück.

Katzen sind meistens in der Nacht unterwegs. Daher sitzt im hinteren Teil ihres Auges eine spezielle Zellschicht, die wie ein Spiegel wirkt und das Licht zurückwirft und verstärkt. Wenn Licht einfällt, wird es von den Sinneszellen aufgenommen. Allerdings bleibt ein Rest übrig, mit dem sich der Vorgang wiederholt.

Die Katze nutzt das Licht also doppelt. Da auch anschließend noch etwas Licht übrig ist, verlässt es die Augen der Katze und sorgt für das Funkeln.

Übrigens kann eine Katze nur sehen, wenn es nicht ganz dunkel ist. Bei völliger Dunkelheit verlässt sie sich zur Orientierung auf Geräusche, Gerüche und ihre hochempfindlichen Schnurrhaare.

Einige andere Tiere, etwa Hunde, Rehe und Krokodile, haben ebenfalls diese spezielle Zellschicht im Auge. Menschen jedoch fehlt sie. Deshalb können wir im Dunkeln auch nicht so gut sehen wie Katzen. Denn wir brauchen ungefähr die sechsfache Lichtmenge, um genauso gut sehen zu können wie die Vierbeiner.

Wenn plötzlich eine größere Lichtmenge in das menschliche Auge fällt, wird dies von der Netzhaut rötlich reflektiert. Bestimmt hast du das schon einmal bemerkt. Denn dadurch entstehen auf Fotos die roten Augen.

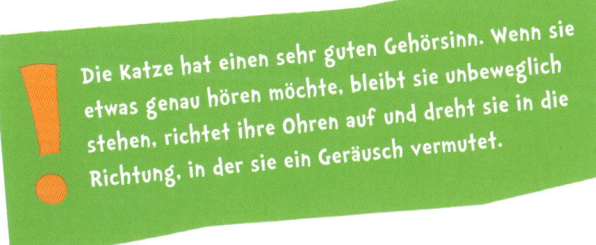

Die Katze hat einen sehr guten Gehörsinn. Wenn sie etwas genau hören möchte, bleibt sie unbeweglich stehen, richtet ihre Ohren auf und dreht sie in die Richtung, in der sie ein Geräusch vermutet.

Warum klappert die Klapperschlange?

Alle 29 Klapperschlangenarten haben eine grüngelbliche bis braun-schwarze Färbung, mit der sie sich perfekt an ihre Umwelt anpassen können und kaum zu erkennen sind. Fühlt sich eine Klapperschlange gestört, versteckt sie sich zunächst unter Steinen, im Gebüsch oder im hohen Gras. Wenn dennoch ein Verfolger sie stellt, rollt sie sich zusammen und gibt ein rasselndes Geräusch von sich, das an ein Klappern erinnert. Die Giftschlange erzeugt es mit Hornschuppen an ihrer Schwanzspitze. Dies ist die letzte Aufforderung zum Rückzug!

! Die Giftzähne der Klapperschlange sitzen am vorderen Ende des Oberkiefers. Im Ruhezustand werden sie nach hinten eingeklappt.

Wann piepsen Küken zum ersten Mal?

Kaum zu glauben, aber Küken geben ihre ersten Piepslaute bereits von sich, bevor sie das Licht der Welt erblicken. Schon im Ei nehmen sie Kontakt zu ihrer Mutter auf. Allerdings verläuft das „Gespräch" einseitig, denn meistens beschwert sich das Küken. So teilt es seiner Mutter mit, dass es ihm zu kalt ist und sie sich wieder auf das Ei setzen soll. Oder aber der Nachwuchs möchte mal in einer anderen Position liegen und fordert die Henne piepsend auf, das Ei etwas zu drehen. Übrigens verständigen sich die Küken auch mit ihren Geschwistern in den anderen Eiern. Wenn dann alle geschlüpft sind, erkennen sie einander am Piepsen.

Was geben die Punkte eines Marienkäfers an?

Viele Kinder glauben, anhand der Punkte könnten sie erkennen, wie alt ein Marienkäfer sei. Doch das stimmt nicht, ein Marienkäfer bekommt nicht für jedes neue Lebensjahr einen Punkt hinzu. Dann müssten manche der Käfer 24 Jahre alt werden, doch sie erreichen meist nur ein Alter von etwa zwölf Monaten.

Marienkäfer kommen mit einer bestimmten Anzahl von Punkten auf die Welt. Bislang sind höchstens 24 bekannt, es gibt aber auch Marienkäfer ganz ohne Punkte. Mitunter werden die Insekten auch nach der Punktanzahl benannt, etwa der in Deutschland weitverbreitete Siebenpunkt-Marienkäfer. Die Punkte geben also keinerlei Informationen, sie gehören einfach nur zur Färbung.

Sind Maulwürfe blind?

Maulwürfe haben ausgezeichnete Sinne. Mit den Tasthaaren an ihrer empfindlichen Schnauze finden sie sich nicht nur mühelos unter der Erde zurecht, sondern nehmen auch kleinste Erschütterungen wahr. Ein ausgezeichnetes Gehör sorgt dafür, dass die Tiere sogar eine Insektenlarve in ihren Gängen hören können. Nur die kleinen Augen, die wie Stecknadelköpfe im dichten Maulwurfsfell verborgen liegen, sind nicht die besten – sie können nur zwischen hell und dunkel unterscheiden. Und das reicht dem Maulwurf auch, denn mit ihnen findet er immer zum Ausgang. Und wenn er gräbt oder in einer unterirdischen Kammer schläft, ist es ohnehin dunkel.

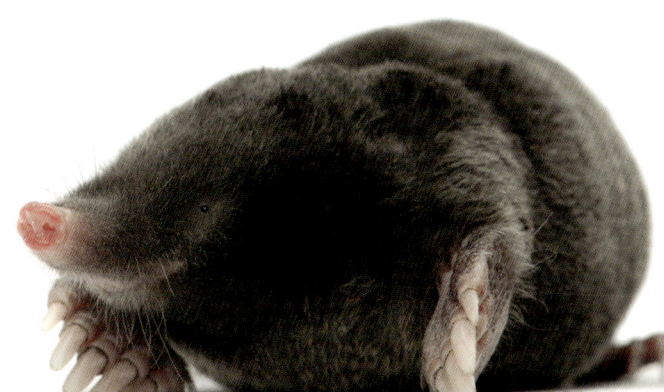

Warum gibt es kein Katzenfutter, das nach Maus schmeckt?

Katzen fressen gerne Mäuse, denn die enthalten eigentlich alles, was eine Katze zur Ernährung braucht. Wenn man jedoch Katzenfutter mit Mäusegeschmack herstellen wollte, müsste man die Mäuse züchten und halten wie Nutztiere, also wie Rinder und Schweine. Auf diese Idee ist bis heute noch niemand gekommen, weil es zu aufwendig wäre. Zudem übertragen Mäuse auch Parasiten und Würmer. Daher werden in erster Linie Abfälle aus der Fleisch- und Fischproduktion zu Katzen- futter verarbeitet.

Können Pferde im Stehen schlafen?

Pferde schlafen nicht wie Menschen, befinden sich also nicht für mehrere Stunden in einem Zustand, in dem sie sich erholen und neue Kraft schöpfen. Natürlich müssen auch Pferde sich ausruhen, doch sie fallen häufiger in einen Dämmerzustand und dösen im Stehen. Wenn ein Pferd jedoch richtig tief schlafen möchte, dann legt es sich hin und streckt alle viere von sich. Ein solcher Tiefschlaf dauert nie lange, bei einem erwachsenen Pferd höchstens eine halbe Stunde. Und auch Fohlen schlafen nur etwa eine Stunde im Liegen. Wenn die Pferde dann wieder aufwachen, sind sie ziemlich benommen und brauchen einige Zeit, um wieder hochzukommen und sicher auf den Beinen zu stehen.

Schmecken Meeresfrüchte süß?

Da es sich bei Meeresfrüchten nicht um Obst handelt, schmecken sie auch nicht süß. Als Meeresfrüchte werden alle essbaren Tiere aus dem Meer bezeichnet, die keine Wirbeltiere, also etwa Fische, oder Meeressäuger, zum Beispiel Delfine oder Wale, sind. Es handelt sich unter anderem um Muscheln, Tintenfische, Garnelen, Krabben und Hummer. Viele dieser Meeresfrüchte stehen vor allem in den Ländern rund ums Mittelmeer auf dem Speiseplan, weil die Tiere dort leben. In der deutschen Nord- und Ostsee gibt es weit weniger Meeresfrüchte; in erster Linie leben dort Krabben und Miesmuscheln.

Schon die alten Römer betrachteten die Meeresfrüchte als etwas besonders Leckeres und glaubten, sie seien ein Geschenk der Meeresgötter. So fand etwa die Muschel Eingang in die Mythologie: Die römische Göttin der Liebe und der Schönheit entsteigt einer Muschel. Auch im Christentum besitzt eine Muschel eine besondere Bedeutung – die Jakobsmuschel, die als Zeichen der Pilger gilt.

Zu den Meeresfrüchten gehören auch die wohl intelligentesten Meerestiere, die Tintenfische. Sie sind äußerst lernfähig. In wissenschaftlichen Versuchen ist es ihnen sogar gelungen, die Deckel von Gläsern zu öffnen.

! Die größten Muscheln der Welt sind die Riesenmuscheln. Sie können bis 140 cm lang und 10 cm dick werden. Wer sie heben möchte, muss viel Kraft haben, denn sie wiegen annähernd 200 kg.

8 Fragen zu Tieren.
Kennst du die Antworten?

1. Welche Insekten haben keine Königin?
   a) Ameisen
   b) Bienen
   c) Fliegen

2. Wie viele Beine haben Spinnen?
   a) sechs
   b) acht
   c) zehn

3. Wie hoch kann eine Giraffe werden?
   a) 3 m
   b) 6 m
   c) 9 m

4. Welches Tier macht keinen Winterschlaf?
   a) Bär
   b) Hase
   c) Igel

5. Zu welchen Raubkatzen gehört der
   Schwarze Panther?
   a) zu den Leoparden
   b) zu den Löwen
   c) zu den Tigern

6. Wievielmal pro Sekunde schlagen Kolibris
   mit den Flügeln?
   a) mehr als 30-mal
   b) mehr als 50-mal
   c) mehr als 100-mal

7. Wie lang ist die Zunge eines Ameisenbären?
   a) 30 cm
   b) 40 cm
   c) 60 cm

8. Welches ist der größte Wal?
   a) Blauwal
   b) Grindwal
   c) Pottwal

Wo wächst eigentlich der Pfeffer?

Wenn man sich über jemanden ärgert, sagt man manchmal: „Geh doch dahin, wo der Pfeffer wächst." Da stellt sich die Frage, wo man denn dann hingehen müsste. Ziemlich weit, so viel ist sicher! Der Weg würde zunächst nach Indien führen, denn an der dortigen Malabarküste wächst Pfeffer schon seit 2000 Jahren. Inzwischen kommt der Pfeffer auch aus anderen Ländern: Vietnam, Indonesien, Brasilien und Malaysia sind neben Indien die größten Anbauländer.

Welcher Baum hat die größten Blätter?

Wenn der Herbst kommt, pustet der Wind die Blätter von den Bäumen und man muss Laub fegen. Die Blätter sind leicht und lassen sich prima zusammenschieben. Wenn allerdings die Blätter einiger Palmen zu Boden fallen, dann reicht kein Rechen mehr. Ein einziges Blatt der Amazonas-Bambuspalme aus Südamerika wird zum Beispiel bis zu 20 Meter lang. Das ist echte Rekordgröße!

Obst und Gemüse: Was ist der Unterschied?

Worin unterscheiden sich Obst und Gemüse? Ist doch alles gleich, oder? Das ist erst mal gar nicht so falsch, denn sowohl Obst als auch Gemüse sind Früchte, also Teile von Pflanzen, die Samen enthalten. Sie wachsen am Boden, an Sträuchern oder an Bäumen und man kann sie roh oder gekocht essen.

Eine wissenschaftliche Unterscheidung zwischen Obst und Gemüse gibt es nicht. Irgendwann wurde einmal festgelegt, welche Frucht zum Obst und welche zum Gemüse zählt. Und man kann selbst noch zwei kleine Unterschiede merken: Obst ist im Unterschied zu Gemüse meistens süß. Und von einem Obstbaum oder -strauch kann man mehrere Jahre lang Früchte ernten. Gemüsepflanzen aber müssen jedes Jahr neu ausgesät werden.

Wie fressen fleisch-fressende Pflanzen?

Das kommt ganz auf die Pflanze an. Beim kraut-artigen „Sonnentau" sitzen feine Härchen auf den Blättern. Darin bleiben die Insekten hängen. Sofort schließen sich die Härchen über dem Opfer, die Pflanze gibt eine Flüssigkeit ab, die das Insekt tötet und allmählich auflöst.

Die „Venusfliegenfalle" hat Blätter mit einem Klappmechanismus, dem ihre Beute zum Opfer fällt.

Noch anders geht die „Kannen-pflanze" vor: Ihre Blätter bilden eine Art Fallgrube, die Insekten zum Verhängnis werden kann. Immer aber sind zersetzende Flüssigkeiten im Spiel. Zähne haben fleischfressende Pflanzen nämlich nicht.

Welche Pflanze hat Fallschirme?

Bestimmt weißt du, dass aus der Löwenzahn-Pflanze nach dem Blühen eine wunderbare Pusteblume wird. Wenn du sie kräftig anbläst, kannst du beobachten, wie ihre feinen Härchen wie kleine Fallschirme durch die Luft segeln. Noch besser fliegen sie allerdings, wenn kräftiger Wind weht – und das ist auch gut so, denn dann gibt es bald an vielen weiteren Stellen Löwenzahn. An den Schirmchen aus feinen Haaren hängen die Samen und werden auf diese Weise weit verteilt. Übrigens haben wir uns den „Schirmtrick" beim Löwenzahn abgeguckt und bei der Entwicklung von Fallschirmen eingesetzt. So können wir Menschen wie die Löwenzahn-Samen durch die Luft gleiten.

Wozu dient Kork?

Hast du schon mal bemerkt, dass
manche Essig- oder Ölflaschen mit
einem Korken verschlossen sind?
Der besteht – wie sein Name schon
ahnen lässt – meistens aus Kork. Kork
wird aus der Rinde der Korkeiche gewonnen.
Er ist für den Baum in etwa das, was für uns
die Hornhaut unter den Fußsohlen ist – ein
schützendes Gewebe aus abgestorbenen Zellen.

Korkeichen findest du zum Beispiel in Portugal oder
Italien. Alle acht bis zwölf Jahre kann die Kork-
schicht von ihrer Rinde abgeschält und verarbeitet
werden. Im Laufe seines Lebens liefert jeder Baum
zwischen 100 und 200 Kilogramm Kork. Und der
ist nicht nur für die Herstellung von Korken wichtig.
Er eignet sich auch hervorragend als Fußboden-
belag oder zur Wärmedämmung in Häusern.

Können Algen blühen?

Auch wenn in den Nachrichten ab und zu von einer „Algenblüte" die Rede ist, können Algen nicht blühen wie etwa die Blumen im Garten. Genau genommen gehören Algen auch nicht zu den Pflanzen, sondern sind pflanzenartige Lebewesen. Mit dem Begriff „Algenblüte" ist die massenhafte Vermehrung dieser Lebewesen in einem See oder Meer gemeint, durch die sich die Wasseroberfläche plötzlich auffällig grün färbt.

Algen breiten sich vor allem in verschmutzten Gewässern rasend schnell aus, insbesondere dann, wenn die Sonne auf die Wasseroberfläche scheint. Die Wärme und die chemischen Stoffe, die im Abwasser enthalten sind, begünstigen das Wachstum. Übrigens ist die „Algenblüte" für andere Wasserlebewesen gefährlich, denn die Algen nehmen ihnen den Sauerstoff weg.

Warum schließen Pflanzen ihre Blüten?

Tagsüber strecken viele Pflanzen ihre Blüten der warmen Sonne entgegen. Nach Sonnenuntergang schließen sie sich jedoch allmählich wieder. Wenn es regnet, bleiben bei einigen Pflanzen die Blüten sogar tagsüber geschlossen.

Während der Nacht und auch bei Regen bekommen die Blüten keinen Besuch von Bienen und anderen Insekten. Die Tiere ernähren sich nicht nur vom Nektar, sondern bestäuben auch die Pollen in den Blüten und sorgen dadurch für deren Vermehrung. Die Pflanze schließt deshalb zu diesen Zeiten ihre Blüte, damit diese nicht zu nass wird, denn dann könnten die Nektar- und Pollenvorräte wegschwimmen.

Welches ist das teuerste Gewürz der Welt?

Das teuerste Gewürz der Welt ist Safran. Ein Kilo kostet mindestens 4000 Euro. Grund für diesen hohen Preis ist die mühsame und aufwendige Herstellung.

Safran wird aus dem Safrankrokus gewonnen, einer Pflanze, die im östlichen Mittelmeerraum und in Kleinasien verbreitet ist. Damit er gut gedeiht, braucht Safran viel Licht und Wärme. Für das Gewürz werden nur die orangeroten Stempelfäden aus den Blüten benötigt. Die Ernte erfolgt von Hand, kurz nach dem Öffnen der Blüten. Sobald diese dem Sonnenlicht ausgesetzt sind, verlieren sie an Aroma.

Die Blütenstempel werden getrocknet und zerkleinert. Für ein einziges Kilo Safran benötigt man zwischen 150 000 und 200 000 Blüten. Kein Wunder also, dass das leicht bitter schmeckende Gewürz so teuer ist. Hauptsächlich wird es für Gebäck verwendet. Von Safran als Gewürz berichtet bereits die Bibel im Alten Testament, und zwar im Hohelied Salomons.

Übrigens ist Safran auch einer der ältesten Farbstoffe für Kleidung. Schon die alten Ägypter benutzten ihn, wie Mumienbinden in ihren Gräbern beweisen. Mit Safran gefärbte Gewänder waren bei Griechen und Römern begehrt, denn sie zeigten den Wohlstand ihrer Besitzer. Die chinesischen Kaiser trugen prachtvolle safrangelb gefärbte Gewänder, um damit ihre Macht auszudrücken.

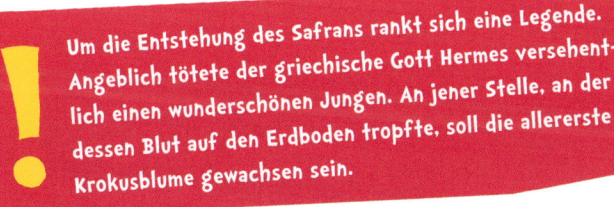

! Um die Entstehung des Safrans rankt sich eine Legende. Angeblich tötete der griechische Gott Hermes versehentlich einen wunderschönen Jungen. An jener Stelle, an der dessen Blut auf den Erdboden tropfte, soll die allererste Krokusblume gewachsen sein.

Warum verlieren Bäume im Herbst ihre Blätter?

Laubbäume werfen im Herbst ihre Blätter ab, weil sie sonst den Winter nicht überstehen würden. Für Bäume ist die Versorgung mit Wasser überlebenswichtig. Im Winter jedoch gefriert der Boden häufig, sodass sie nicht mehr genügend Feuchtigkeit bekommen, um Stamm, Äste und Blätter gleichermaßen zu versorgen. Also werfen Bäume ihre Blätter ab.

Dieser Vorgang zieht sich einige Wochen hin. Wenn es draußen kälter wird, ziehen die Bäume sämtliche verwertbaren Stoffe aus den Blättern ab und speichern sie in Stamm und Wurzel. Nun bilden sie eine Trennschicht zwischen Zweig und Blattstiel, um die Wasserversorgung der Blätter nach und nach zu unterbinden. Dies führt dazu, dass die Blätter allmählich vertrocknen und ihre grüne Farbe verlieren. Sie nehmen die bunte Herbstfärbung an und fallen schließlich zur Erde.

Warum hat ein Kaktus Stacheln?

Die Stacheln dienen dem Kaktus als Schutz. Die blattlose Pflanze wächst in Wüsten und Steppen, also in Regionen, in denen es fast nie regnet. Daher können Kakteen in ihren Stämmen Wasser als Vorrat speichern. Doch auch die anderen Lebewesen in trockenen und heißen Regionen brauchen Wasser zum Leben. Daher könnten Tiere auf die Idee kommen, einen Kaktus zu fressen, weil sie hoffen, in ihm Wasser zu finden. Doch mit seinen Stacheln wehrt der Kaktus die Angreifer ab, denn jeder Biss in die Pflanze ist äußerst schmerzhaft.

! Einige Kakteenarten tragen ein besonders dichtes Stachelkleid, das fast wie eine Behaarung aussieht. Damit schützen sie sich vor kaltem Wind und Sonneneinstrahlung.

Wie entsteht ein vierblättriges Kleeblatt?

Vierblättrige Kleeblätter sind äußerst selten und sollen Glück bringen. Daran glauben die Menschen schon seit vielen Jahrhunderten. Der Legende nach hat Eva das erste vierblättrige Kleeblatt im Paradies gefunden.

Üblicherweise hat Klee nur dreiblättrige Blätter. Wenn er doch einmal ein vierblättriges Blatt bildet, dann liegt das zumeist an einem Wachstumsfehler, es handelt sich also um eine Missbildung. Auch Umwelteinflüsse wie extreme Temperaturen können für vierblättrige Blätter sorgen.

Übrigens haben auch dreiblättrige Kleeblätter eine symbolische Bedeutung. Im Christentum verweisen sie auf die Einheit von Gott Vater, Sohn und Heiligem Geist.

Welches ist der gefährlichste Pilz?

Als gefährlichster Pilz gilt der auch bei uns wachsende Grüne Knollenblätterpilz. Schon ein kleiner Bissen reicht für eine tödliche Vergiftung aus. Zunächst wird einem grässlich übel, dann versagen wichtige innere Organe, die Leber und die Nieren, ihren Dienst.

Schon in der Antike war die Gefährlichkeit des Grünen Knollenblätterpilzes bekannt. Nicht selten wurde er ins Essen gemischt, um unbeliebte Zeitgenossen aus dem Weg zu schaffen.

Äußerste Vorsicht ist also geboten! Denn das Tückische an diesem Giftpilz ist seine Ähnlichkeit mit dem essbaren Champignon. Von ihm unterscheidet er sich durch die Rillen unter dem Hut, den Lamellen. Sie sind weiß, beim Champignon hingegen rosa bis violettbraun. Außerdem duften Champignons nach Anis.

Kriegen Blumen Sonnenbrand?

Blumen und andere Pflanzen ernähren sich von nicht organischen Stoffen. Dies geschieht mithilfe der Fotosynthese, bei der die Pflanze Wasser, Mineralsalze und Kohlendioxid aus der Luft aufnimmt und diese in Stärke und Traubenzucker verwandelt. Um das zu schaffen, braucht die Blume die Energie des Sonnenlichts, das sie meist mit den Blättern aufnimmt.

Zu viel Sonne jedoch verträgt auch eine Pflanze nicht, denn dann bekommt sie eine Art Sonnenbrand – ihre Blätter werden braun. Auch könnte zu viel Sonnenlicht ihr Fotosynthese-System zum „Durchbrennen" bringen. Davor schützt sich die Pflanze mit komplizierten Vorgängen in ihrem Inneren.

Gibt es Lebende Steine?

Ja, es gibt tatsächlich Lebende Steine. Bei ihnen handelt es sich um Pflanzen aus der Familie der Mittags- blumengewächse, die zwischen Steinen wachsen und kaum von ihnen zu unterscheiden sind. Lithops-Pflanzen etwa ahmen Formen und Farben der Steine, die sie umgeben, nach und sehen ihnen täuschend ähnlich. Dadurch sind sie gut geschützt.

Die Lebenden Steine haben eine rundliche Form und zwei Blätter. Jedes Jahr wächst ein neues Blätterpaar zwischen den alten Blättern heran. Die „Alten" versorgen den „Nachwuchs" mit Wasser, vertrocknen schließlich und fallen ab. Übrigens blühen Lithops im Herbst. Dann erscheinen in den Mittagsstunden die gelben oder weißen Blüten in einem Spalt zwischen den Blättern.

8 Fragen zu den Pflanzen. Kennst du die Antworten?

1. Welche dieser Pflanzen gehört zu den fleischfressenden Pflanzen?

a) Sonnenblume

b) Sonnenkraut

c) Sonnentau

2. Welches Gewürz kommt von einer Orchideenpflanze?

a) Kümmel

b) Pfeffer

c) Vanille

3. Zu welchem Obst gehört die Schattenmorelle?

a) Aprikosen

b) Kirschen

c) Pflaumen

4. Wie hoch werden Mammutbäume?

a) rund 30 m

b) rund 50 m

c) rund 90 m

5. Rote Rosen sind ein Symbol für ...?

    a) Gesundheit

    b) Liebe

    c) Verschwiegenheit

6. Welche Kaktusfrucht gibt es tatsächlich?

    a) Kaktusbeere

    b) Kaktusfeige

    c) Kaktusnuss

7. Welchen Kohl gibt es nicht?

    a) Gelbkohl

    b) Grünkohl

    c) Rotkohl

8. Welche Nuss ist eine Bohne?

    a) Erdnuss

    b) Haselnuss

    c) Walnuss

Wie rechnet man aus, wie weit ein Gewitter entfernt ist?

Wenn in der Ferne ein Donner grollt und die ersten Blitze am Himmel zucken, dann lässt sich ausrechnen, wie weit das Gewitter noch entfernt ist. Dafür muss man wissen, dass sich Licht schneller ausbreitet als Schall: 340 m pro Sekunde (Licht) im Vergleich zu 300 m pro Sekunde (Schall).

Nun gehts ans Kopfrechnen: Sobald der Blitz am Himmel zu sehen ist, die Sekunden bis zum Donner zählen. Dann die Zahl mal 340 nehmen und das Ergebnis durch 1000 teilen. Mal angenommen, zwischen Blitz und Donner liegen acht Sekunden. Dann gilt folgende Rechnung: 8 mal 340 ergibt 2720, geteilt durch 1000 macht 2,72. Das bedeutet, dass das Gewitter 2,72 km entfernt ist. Wer die Rechnung ein paar Minuten später wiederholt, kann feststellen, ob das Gewitter näher kommt oder sich entfernt.

Wie schnell ist eine Lawine?

Auf dem Weg ins Tal wächst eine Lawine gewaltig an – ähnlich wie ein Schneeball, der zu einer großen Kugel wird, wenn du ihn durch den Garten rollst. Wie schnell eine Lawine wird, hängt in erster Linie davon ab, woraus sie besteht, also aus Schnee, Geröll oder Staub. Zudem spielt es eine Rolle, wie der Hang beschaffen ist, den sie herabsaust. Eine Lawine aus Nassschnee kann bis zu 70 km/h schnell werden, eine aus Trockenschnee etwa doppelt so schnell. Doch das ist nichts gegen eine Staublawine, also ein Gemisch aus Schnee und Luft, denn die rast mit 250 bis 300 km/h ins Tal. Auf ihrem Weg reißt sie alles um, was ihr im Weg steht.

Warum leuchtet manchmal das Meer?

Wenn sich der Mondschein auf der Meeresoberfläche spiegelt, dann taucht er sie in ein funkelndes Licht. Mitunter jedoch leuchtet das Meer bläulich oder grünlich. Dafür sorgt nicht der Mond, sondern winzig kleine Lebewesen senden ihre Leuchtsignale aus.

Bei diesen Kleinstlebewesen handelt es sich vorwiegend um Geißelalgen, eine Algenart, die sich massenhaft vermehren kann, insbesondere in verschmutzten Gewässern. Dabei geben die Tiere Licht ab und beleuchten die Wasseroberfläche von unten. Das Leuchten ist für die Geißelalgen überlebenswichtig, denn damit locken sie Fische an. Diese fressen alle Kleinkrebse in der Nähe, die sonst die Algen vertilgen würden.

Kann Sand singen?

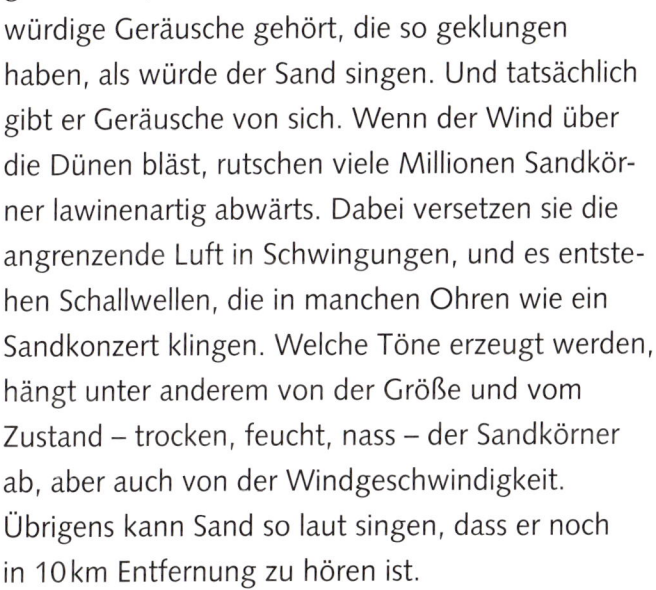

Zahlreiche Menschen, die schon einmal durch die Wüste gereist sind, haben dort merkwürdige Geräusche gehört, die so geklungen haben, als würde der Sand singen. Und tatsächlich gibt er Geräusche von sich. Wenn der Wind über die Dünen bläst, rutschen viele Millionen Sandkörner lawinenartig abwärts. Dabei versetzen sie die angrenzende Luft in Schwingungen, und es entstehen Schallwellen, die in manchen Ohren wie ein Sandkonzert klingen. Welche Töne erzeugt werden, hängt unter anderem von der Größe und vom Zustand – trocken, feucht, nass – der Sandkörner ab, aber auch von der Windgeschwindigkeit. Übrigens kann Sand so laut singen, dass er noch in 10 km Entfernung zu hören ist.

Wo liegt das Schlaraffenland?

Vermutlich hat jeder schon einmal vom Schlaraffenland gehört, einem wunderbaren Land, in dem es Essen und Getränke im Überfluss gibt. Angeblich fließt dort Saft aus Brunnen und die Zäune bestehen aus Bratwurst. Derlei Geschichten finden sich zumeist in Märchenbüchern. Und da Märchen erfundene Geschichten sind, gibt es das Schlaraffenland in Wirklichkeit nicht.

Vielleicht kommt das daher, weil die Menschen früher oft Hunger litten, denn Nahrungsmittel und Wasser waren bis ins 20. Jahrhundert hinein manchmal auch in Europa knapp. Und da träumten sie von einem Land, wo sie alles bekamen, was ihnen fehlte. Andere Menschen wünschten sich ein solches Paradies, weil es bequem war, sich einfach nur zu bedienen und dafür nicht einkaufen gehen und bezahlen zu müssen.

Was sind schwarze Löcher?

Ihr Name führt auf eine falsche Fährte, denn Schwarze Löcher sind keine Löcher, sondern die Überreste toter Sterne. Jeder Stern hat nur eine begrenzte Lebensdauer, meist einige Milliarden Jahre, dann verabschiedet er sich mit einem gewaltigen Knall. Übrig bleibt ein stark zusammengepresster Klumpen, der in etwa genauso schwer ist wie einst der viel größere Stern. Er schwebt als schwarzer Fleck im All. Da es dort dunkel ist, ist er kaum zu sehen. Die Bezeichnung „Schwarzes Loch" rührt daher, dass dieser Fleck alles anzieht, was ihm zu nahe kommt, und verschlingt, sogar andere Sterne. Und das sieht dann so aus, als verschwänden sie in einem schwarzen Loch.

Wie heiß ist es auf der Sonne?

Die Temperatur auf der Sonne nimmt von innen nach außen ab. In ihrem Inneren ist es unvorstellbare 15 Millionen °C heiß, auf der Oberfläche sind es „nur" noch 5000 bis 5600 °C. Auch das sind Temperaturen, die kein Mensch aushalten würde. Bis die Energie aus dem Sonneninneren jedoch auf der Erde ankommt, vergehen etwa 10 Millionen Jahre. Die Sonnenstrahlen legen dabei eine Strecke von 149 Millionen km zurück (dafür müssten wir 3725-mal um die Erde reisen). Nun sind die Temperaturen sehr viel niedriger, und wir halten sie locker aus – auch an heißen Sommertagen. Ohne Sonne könnten die Menschen auf der Erde nicht leben, denn dann wäre es viel zu kalt.

Wie funkeln Sterne?

Bei einem Blick in einen klaren Sternenhimmel bekommt man den Eindruck, als würden die Sterne funkeln.

Doch sie funkeln nicht. In ihrem Inneren erzeugen die Himmelskörper Energie, die sie in Form von Licht oder Wärme aussenden. Der Lichtstrahl durchquert das Weltall, einen luftleeren Raum, wo ihn nichts am Vorwärtskommen hindert.

Das ändert sich jedoch, wenn er in die Erdatmosphäre eindringt. Sie besteht aus unterschiedlichen Luftschichten, die ständig in Bewegung sind. Dadurch werden die Lichtstrahlen in unterschiedliche Richtungen gelenkt – es entsteht ein Flimmern, das so aussieht, als würden die Sterne funkeln.

In einer klaren Nacht kann das menschliche Auge etwa 6000 Sterne am Himmel erkennen. Das ist nur ein winziger Teil der vielen Millionen Sterne im Universum.

Ist das Tote Meer wirklich tot?

Im Toten Meer gibt es so gut wie kein Leben, denn weder Fische noch Pflanzen können in dem extrem salzigen Wasser überleben. Der Salzgehalt liegt bei 33 % und damit fast zehnmal so hoch wie etwa der des Mittelmeers. Ganz tot ist das Gewässer jedoch nicht. Denn darin leben ein paar für uns unsichtbare Bakterien, die Salz besonders gern mögen.

Übrigens ist das Tote Meer, an dessen Ufer Israel, Jordanien sowie das Westjordanland liegen, gar kein Meer, sondern ein See ohne Abfluss. Wer darin schwimmt, geht nicht unter, denn der hohe Salzgehalt verhindert das.

 Das Baden im Toten Meer kann recht schmerzhaft sein, wenn man offene Wunden hat. Darin brennt das Salz höllisch. Auch sollte es nicht in die Augen gelangen und auf keinen Fall in die Lunge.

Kann man in Treibsand versinken?

In einigen Filmen versinkt der Bösewicht am Ende im Treibsand und wird von diesem verschlungen. Das ist keine Erfindung eines pfiffigen Drehbuchschreibers, sondern so etwas Ähnliches kann tatsächlich passieren.

Üblicherweise haften die kleinen Sandkörner aneinander, sodass sich bequem darüberspazieren lässt, etwa am Strand. Das kann sich bei starkem Regen oder bei sonstiger Wasserzufuhr schlagartig ändern. Der Sand ist nicht mehr in der Lage, die Flüssigkeitsmengen aufzunehmen. Das Wasser schiebt sich zwischen die Sandkörner, die nun keinen Kontakt mehr miteinander haben. In der Folge können sich Hohlräume bilden, die voll Wasser laufen und auf denen der Sand schwimmt. Wenn jetzt ein Wanderer auf den Sand tritt, sinkt er ein.

Besteht eine Wüste nur aus Sand?

Wenn wir an Wüsten denken, dann fallen uns meist endlose Sanddünen sowie große Hitze und Trockenheit ein. All das gibt es tatsächlich in einer Wüste, allerdings besteht nur ein geringer Teil von ihr aus Sand. Den größten Teil machen vielmehr trockene Böden, Steine, Felsen, Kies und Geröll aus.

In Trockenwüsten regnet es nur äußerst selten. Zudem schwanken die Temperaturen. Tagsüber kann es 60 °C und mehr heiß werden, so heiß, dass man sich die nackten Füße auf dem Boden verbrennt. Da es keine Wolken über der Wüste gibt, entweicht die warme Luft nach Sonnenuntergang sehr schnell nach oben, und es wird bitterkalt – die Temperaturen sinken unter den Gefrierpunkt. Unter solch extremen klimatischen Bedingungen wachsen nur wenige Pflanzen. Diese müssen in der Lage sein, die wenige Feuchtigkeit, die sie aufnehmen können, möglichst lange zu speichern.

Natürlich gibt es auch reine Sandwüsten. Die größte von ihnen, Rub al-Chali, liegt im Süden der Arabischen Halbinsel. Sie ist etwa doppelt so groß wie Deutschland und gilt als äußerst lebensfeindlich. Nicht einmal die Beduinen wagen sich dorthin. Einzige Lebewesen sind einige Spinnen- und Nagetierarten.

Die bekannteste Wüste der Erde ist die Sahara in Nordafrika. Sie besteht etwa zu einem Fünftel aus Sand. In ihr findet man riesige Salzwüsten, die aus ausgetrockneten Seen entstanden sind, und bis zu 3000 m hohe Gebirge. Die größte Wüste jedoch ist eine Kältewüste: die Antarktis.

Wie entsteht ein Wirbelsturm?

Wirbelstürme entstehen über den tropischen Ozeanen. Wenn die Sonne auf die Meeresoberfläche strahlt, verdunsten große Wassermengen und steigen auf. In größeren Höhen treffen Winde auf diese feuchtwarmen Luftmassen und sorgen dafür, dass diese sich zu drehen beginnen – es entstehen Wirbel. Gleichzeitig wird immer mehr Luft von unten angesaugt. Bis ein richtiger Wirbelsturm entstanden ist, können Tage oder sogar Wochen vergehen.

Ein solcher Wirbelsturm besteht aus einem fast windstillen Auge, das von einem Strudel heftiger Winde und starkem Regen umgeben ist. Viele Wirbelstürme ziehen nur über das Meer, manche jedoch treffen auf Land und richten dort große Zerstörungen an. Gleichzeitig werden sie dort schwächer, weil sie keine Luft von der Meeresoberfläche mehr anziehen.

Woraus bestehen Steine?

Es gibt wohl kaum jemanden, der nicht schon einmal über einen Stein gestolpert ist. Schließlich liegen diese Dinger fast überall herum. Mal sind es dicke Brocken in Grau oder Schwarz, mal wunderbar glatte, runde Kiesel, mal richtige Glitzersteine, mal ...

Anscheinend sind nicht alle Steine aus dem gleichen Material. Sonst müssten gleich große Steine wenigstens gleich schwer sein. Sind sie aber nicht: Sie bestehen aus verschiedenen mineralischen Stoffen, die sich im Laufe der Erdgeschichte herausgebildet haben. Heute kennt man etwa 4600 verschiedene Mineralien. So viel Abwechslung hätte man Steinen gar nicht zugetraut, oder?

Wo ist es kälter: am Südpol oder am Nordpol?

Na, falsch getippt? Nicht immer ist es im Norden kälter: Die Antarktis, wie man den Südpol auch nennt, ist eine Landschaft mit hohen Gebirgen und einer mächtigen Eisdecke. Dort wurden schon einmal Temperaturen von über minus 89 °C gemessen – und zwar im Winter, wenn es dort den ganzen Tag über dunkel ist. Die Arktis, also der Nordpol, liegt auf Meereshöhe und damit viel flacher. Hier wird es „nur" so um die minus 40 °C. Frieren würden wir dort trotzdem. Vielleicht sollte man einmal im Sommer hinfahren: Da klettern die Temperaturen immerhin auf 8 °C.

Was sind Nordlichter?

Am Nordpol gibt es sonderbare Lichterscheinungen am Himmel, die sogenannten Nordlichter. Dahinter steckt aber keine Zauberei, sondern Physik! Alles beginnt mit der Sonne. Sie gibt einen ständigen Strom geladener Teilchen ab. Die meisten von ihnen treiben ins Weltall. Die übrigen gelangen in die Erdatmosphäre.

Das ist eine Lufthülle, die unsere Erde umgibt. Auch sie setzt geladene Teilchen frei und treibt sie in Richtung Nordpol. Wenn die geladenen Teilchen mit denen der Sonne zusammentreffen, wird eine Menge Energie frei. Und diese Energie erzeugt die Nordlichter, die in den unterschiedlichsten Farben leuchten.

Wie dick ist die Ozonschicht?

Schwierige Frage, denn bei der Ozonschicht handelt es sich nicht um eine Schicht im eigentlichen Sinne, so wie zum Beispiel eine Schicht Schokoladencreme in einem Kuchen. Ozon ist eine Form des Sauerstoffs und Teil der Luft, die wir einatmen. Dieses Ozon besteht wie alle Gase aus winzig kleinen Teilen, den Molekülen. Und die verteilen sich in einem etwa 30 km dicken Bereich rund um die Erde. Wenn man die Ozonmoleküle jedoch zusammendrücken würde, dann wäre die ganze Ozonschicht gerade mal 3,5 mm dick.

 Nimm eine Schneekugel und stell dir vor, jede Flocke darin wäre ein Ozonmolekül. Wenn du die Kugel schüttelst, verteilen sich die Flocken. Im ruhigen Zustand bilden sie eine dünne Schicht am Boden.

Wie viele Kontinente gibt es?

Wenn man sich eine Weltkugel anschaut, dann ist es gar nicht so einfach, die Anzahl der Kontinente genau zu bestimmen. Gehen wir mal davon aus, dass Kontinente große, geschlossene Landmassen sind, dann finden sich recht schnell drei Kontinente: Antarktika (das ist das gesamte Gebiet um den Südpol einschließlich der Meeresregionen), Australien und Afrika. Nun wird es schwierig, denn Amerika ist an einer Stelle sehr schmal. Der nördliche Teil und der südliche Teil sind durch einen künstlich angelegten Schifffahrtskanal, den Panamakanal, voneinander getrennt. Daher wird Amerika oft in zwei Kontinente eingeteilt: in Nord- und Südamerika. Damit wären wir bei fünf. Jetzt fehlt nur noch das riesengroße Landgebiet, auf dem sich Europa und Asien befinden. Je nach Zählweise ergeben sich am Ende also bis zu sieben Kontinente.

Seit wann weiß man, dass die Erde rund ist?

Lange Zeit glaubten die Menschen tatsächlich, die Erde sei eine Scheibe: Wer also zu lange mit dem Schiff geradeaus fährt, kippt irgendwann über den Rand. Die Entdeckungsreisenden Fernando Magellan und Juan Sebastián Elcano bewiesen vor rund 500 Jahren das Gegenteil: Sie umsegelten die Erde und kamen am gleichen Ort wieder an, an dem sie gestartet waren – ohne an irgendeiner Stelle über den Rand zu fallen.

Warum rutscht man auf Eis aus?

Bist du schon mal auf Glatteis ins Rutschen gekommen? Und dabei auf dem Allerwertesten gelandet? Übrigens rutscht man genau genommen gar nicht auf dem Eis aus, sondern auf dem Wasserfilm, der sich auf der Eisoberfläche befindet. Wenn man über Eis geht, dann schmilzt es ein wenig. Das entstandene Wasser bildet einen dünnen Schmierfilm, auf dem man ausrutschen kann, wenn man nicht aufpasst. Beim Schlittschuhlaufen ist der Eiswasserfilm übrigens prima, weil er dafür sorgt, dass die Kufen schön gleiten.

8 Fragen zur Erde.
Kennst du die Antworten?

1. Welcher Planet kommt der Erde am nächsten?
   a) Mars
   b) Merkur
   c) Venus

2. Welches ist der längste Fluss der Erde?
   a) Amazonas
   b) Nil
   c) Rhein

3. Wie tief ist der tiefste See der Erde?
   a) 817 m
   b) 1257 m
   c) 1637 m

4. Was ist ein Willy-Willy?
   a) ein Erdkrater
   b) ein Wasserfall
   c) ein Wirbelsturm

5. Auf welchem Kontinent leben die meisten Menschen?
   a) Afrika
   b) Asien
   c) Europa

6. Welche dieser Inseln liegt nicht in einem Meer?
   a) Borkum
   b) Mainau
   c) Sylt

7. Welche beiden Erdteile trennt die Straße von Gibraltar?
   a) Afrika und Amerika
   b) Asien und Europa
   c) Europa und Afrika

8. Wie viel Prozent der Erde sind von Wasser bedeckt?
   a) 31%
   b) 51%
   c) 71%

Wie heiß kann man baden?

Das hängt von der Wärmeempfindlichkeit des Körpers ab, die beispielsweise von der Größe, dem Gewicht oder dem Gesundheitszustand beeinflusst wird. Manche Menschen mögen es in der Wanne 40 °C warm, anderen ist das schon zu heiß. Generell gilt, dass kein Mensch heißer als 48 °C baden kann, weil sonst sein Kreislauf verrückt spielt.

Je stiller jemand in der Wanne liegt, desto heißer darf das Wasser sein. Beim Baden erweitert die Hitze die Blutgefäße in der Haut. In der Folge gelangt mehr Wärme in den Körper, während sich gleichzeitig eine etwas kühlere Wasserschicht um ihn bildet. Die ist allerdings sehr empfindlich und wird bei der geringsten Bewegung zerstört – und schon wird es einem in der Wanne ganz schön heiß.

Warum juckt ein Mückenstich?

Wenn eine Mücke zusticht, bildet sich gleich eine kleine Beule, die zu allem Überfluss auch noch heftig juckt. Da hilft nur Salbe. Wenn uns eine Mücke sticht, spuckt sie in die Wunde, damit das Blut schön flüssig bleibt und nicht gerinnt. Unser Körper reagiert auf die „Mückenspucke", und es fängt an zu jucken.

Übrigens stechen nur Mückenweibchen, denn sie brauchen das Blut, um Eier legen zu können. Die Mückenmännchen ernähren sich weitaus schonender für uns: Sie schlürfen Blütennektar.

Wofür brauchen Männer Brustwarzen?

Frauen brauchen Brüste, damit sie Muttermilch bilden, und Brustwarzen, damit die Babys in den ersten Lebensmonaten die Milch heraussaugen können. Männer hingegen gebären keine Kinder, haben aber trotzdem Brustwarzen. Allerdings könnten sie auch ohne auskommen, denn sie brauchen sie nicht.

Zwar wird schon bei der Befruchtung festgelegt, ob ein Kind ein Junge oder ein Mädchen ist, doch in den ersten Wochen, in denen der Embryo im Mutterleib heranwächst, lässt sich noch kein Unterschied erkennen. Die Embryos entwickeln sich völlig gleich. Denn zunächst bilden sie die Anlagen für alle lebenswichtigen Organe, zum Beispiel für Herz und Lunge. Das sind sämtlich Voraussetzungen, um sowohl Junge als auch Mädchen zu werden.

Nach sieben Wochen erhält der Körper die Information, zu welchem Geschlecht er sich entwickeln soll.

Nun entstehen die Geschlechtsorgane, und die Unterschiede werden sichtbar. Bei den Mädchen entwickeln sich die Anlagen für die Brüste, bei den Jungen bilden sich die bis dahin entstandenen weiblichen Anlagen zurück. Letztes Überbleibsel sind die männlichen Brustwarzen.

Ob ein Baby ein Junge oder ein Mädchen wird, bestimmt das Erbmaterial der Eltern, das sich auf den sogenannten Chromosomen befindet. Davon gibt es zwei Arten: X und Y. Mädchen haben zwei X-Chromosomen, Jungen ein X- und ein Y-Chromosom. Da nur der Vater ein Y-Chromosom beisteuern kann, entscheidet er über das Geschlecht des Kindes.

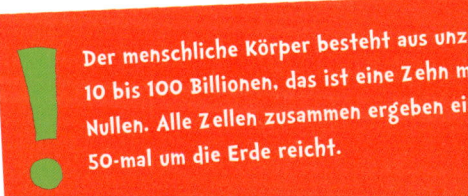

Der menschliche Körper besteht aus unzähligen Zellen: 10 bis 100 Billionen, das ist eine Zehn mit 13 bzw. 14 Nullen. Alle Zellen zusammen ergeben eine Kette, die 50-mal um die Erde reicht.

Woher hat der Daumen seinen Namen?

Der Daumen ist der stärkste und dickste unserer fünf Finger. Diesen Eigenschaften verdankt er auch seinen Namen. Schon die alten Germanen nannten ihn „Dume" oder auch „Dumo", was so viel bedeutet wie „der Dicke". Diese Bezeichnung verwendeten die Germanen auch für dicke und starke Menschen. Vermutlich haben sie sie später dann auf den Finger übertragen.

Übrigens ist der Daumen ein ganz besonderer Finger, denn er besteht nur aus zwei Knochenteilen und hat nur zwei Gelenke – alle anderen Finger haben jeweils drei. Zudem sitzt ein Gelenk des Daumens fast am Unterarm, was den „Dicken" ganz besonders beweglich macht.

Warum haben wir Rillen auf unseren Fingerkuppen?

Jeder Mensch hat auf den Fingerkuppen und an den Zehen kleine Rillen, die einen ovalen Kreis bilden. Mit den Erhebungen der Rillen nehmen wir schon bei der geringsten Berührung Reize wahr, die an unser Nervensystem weitergeleitet werden. Außerdem sorgen die Rillen dafür, dass wir rutschige Gegenstände wie etwa ein Glas sicher festhalten können.

Die Anordnung der Wirbel, Gabelungen, Kreuzungen und Erhebungen der Rillen entwickelt sich bereits während der Schwangerschaft im Mutterleib. Und da das Rillenmuster maßgeblich vom Erbgut beeinflusst wird, ist es bei jedem Menschen anders. Deshalb gleicht zum Beispiel auch kein Fingerabdruck dem anderen.

Kann ein Erwachsener Kinderkrankheiten bekommen?

Bei Kinderkrankheiten handelt es sich um Krankheiten, die vornehmlich im Kindesalter auftreten. Einige von ihnen wie etwa Masern und Röteln verursachen Hautausschlag, häufig bekommt man Fieber.

Alle Kinderkrankheiten sind hochansteckend, denn ihre Erreger werden durch die sogenannte Tröpfcheninfektion übertragen, also beim Niesen, Husten oder Naseputzen. Trägt jemand die Krankheitserreger in sich und hustet, dann lösen sich kleinste Teilchen und werden bis zu 3 m durch die Luft geschleudert. Wer sie einatmet, kann sich anstecken.

Fast alle Kinderkrankheiten sind sogenannte Virusinfektionen. Winzig kleine Teilchen, die Viren, gelangen in den menschlichen Körper, greifen dort Zellen an und nisten sich in ihnen ein.

Eine Ausnahme ist der Keuchhusten, der durch Bakterien verbreitet wird, das sind kleinste einzellige Lebewesen.

Der große Vorteil, dass schon Kinder diese Krankheiten bekommen, besteht darin, dass sie anschließend dagegen immun sind, die gleiche Krankheit also nicht noch einmal bekommen können.
Bemerkt der Körper die Krankheitserreger erneut, bildet er Antikörper und zerstört sie. Wenn ein Kind eine bestimmte Kinderkrankheit nicht bekommen hat, kann es sich damit als Erwachsener durchaus anstecken – ihm fehlen Antikörper zur Abwehr.

Kinderkrankheiten und ihre Symptome

1	Masern	Punktförmige Rötungen auf der Haut, Fieber
2	Keuchhusten	Heftige Hustenanfälle mit keuchendem Atem
3	Mumps	Schwellung der Speicheldrüsen, Schmerzen beim Kauen und Schlucken, Fieber
4	Windpocken	Rote Flecken und Bläschen auf der Haut, starker Juckreiz
5	Röteln	Häufig rötlicher Hautausschlag, Augenentzündung

Warum frieren Mädchen leichter als Jungen?

Nicht nur im Winter frieren Mädchen häufig schneller als Jungen. Das liegt am unterschiedlichen Körperbau von Mann und Frau. Wärme wird durch die gute Durchblutung der Muskeln erzeugt – und davon haben Jungen deutlich mehr als Mädchen. Zudem ist die Haut von Jungen etwa 15 % dicker als die von Mädchen. Und da die Kälte durch die Haut in den Körper eindringt, hat sie es bei den Mädchen leichter. Schließlich sind Männer meist kräftiger gebaut als Frauen, sind also größer und breiter. Daher können sie mehr Körperwärme produzieren und speichern. Wenn man all dies zusammennimmt, dann haben Jungen deutlich bessere körperliche Voraussetzungen, um der Kälte zu trotzen, als Mädchen.

Wo sitzt der Gleichgewichtssinn?

Das perfekte Zusammenspiel von winzig kleinen Härchen, Flüssigkeit, Nerven und Gehirn sorgt dafür, dass wir bei unseren Bewegungen nicht das Gleichgewicht verlieren. Der sogenannte Gleichgewichtssinn sitzt in unserem Ohr, und zwar in den Bogengängen im Innenohr. In den kleinen kreisförmigen Röhren, die aussehen wie eine gebogene Brezel, befindet sich eine Flüssigkeit. In sie ragen wie Äste in einen Bach kleine Härchen hinein, die mit Nerven verbunden sind. Wenn sich der Mensch bewegt, tut das auch die Flüssigkeit in den Bogengängen. Natürlich bewegen sich die Härchen ebenfalls mit und geben dies an die Nerven weiter. Die wiederum melden das Geschehen an das Gehirn, das die Informationen zusammensetzt, die Bewegung des Körpers errechnet und ihn im Gleichgewicht hält.

Warum bekommen Männer eine Glatze?

Jedem Menschen fallen bis zu 100 Haare am Tag aus. Das ist nicht allzu schlimm, denn zum einen haben wir durchschnittlich mehr als 100 000 Haare auf dem Kopf, zum anderen wachsen Haare auch wieder nach. Bei manchen Männern ist das jedoch anders – ihnen fallen sehr viel mehr Haare aus und es bilden sich auch keine neuen mehr. Grund dafür sind bestimmte Stoffe im Körper, die sogenannten Geschlechtshormone. Auf sie reagiert die Stelle unter der Kopfhaut, an der die Haarwurzel verankert ist und sich das Haar bildet, äußerst empfindlich. Es kommt zu Reaktionen, die dafür sorgen, dass das Haar abgestoßen wird.

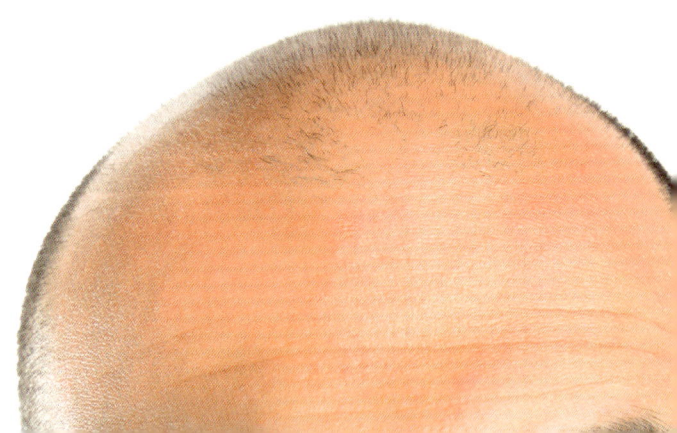

Wie alt wird ein Haar?

Im Allgemeinen wird ein menschliches Haar etwa sieben Jahre alt. Je nach dem Ort, an dem es wächst – beispielsweise auf dem Kopf, auf der Brust oder auf den Armen –, kann es auch älter bzw. nicht so alt werden. Schließlich wächst es nicht mehr weiter und fällt aus. Haare bilden sich in den sogenannten Haarfollikeln. Aus einem solchen Follikel können sich im Laufe eines Menschenlebens bis zu zwölf Haare entwickeln.

Übrigens wachsen Haare nicht schneller, nur weil sie häufiger geschnitten werden. Von Geburt an ist das Haarwachstum festgelegt und lässt sich nicht beeinflussen. Als Faustregel gilt, dass ein Kopfhaar im Jahr etwa 12 cm wächst, bei Jungen schneller als bei Mädchen. Dafür wird es bei einem Mann nur höchstens 50 cm lang, bei einer Frau dagegen bis zu 80 cm, dann fällt es aus.

Wie groß ist die Haut eines Menschen?

Ein Mensch hat rund 2 m² Haut; dies entspricht in etwa der Fläche der Matratze in deinem Bett. Die gesamte Haut eines Menschen wiegt bis zu 15 kg und ist damit sein schwerstes Organ.

Die Haut schützt uns vor äußeren Einflüssen wie Hitze und Kälte sowie gegen Stöße. Zudem verhindert sie das Eindringen von klitzekleinen Krankheitserregern. Da die Haut den Körper ganz umhüllt, bildet sie eine natürliche Grenze zwischen Innen- und Außenwelt. Sie ist das größte menschliche Sinnesorgan, denn wir fühlen und tasten mit der Haut, die dem Gehirn ständig entsprechende Informationen liefert.

Die Haut besteht aus drei Schichten. Die äußere Schicht bildet die Oberhaut, die etwa 0,1 mm dick ist. An manchen, stark beanspruchten Stellen wie beispielsweise den Fußsohlen wird sie fünfmal so dick. Die Haut bildet sich alle vier Wochen komplett neu, das heißt die äußerste Schicht wird abgestoßen.

Unter der Oberhaut sitzt die Lederhaut, in der sich die Blutgefäße befinden und die als Wasserspeicher dient. Sie schützt etwa vor Unterkühlung und Stößen.

Unterste Schicht ist die Unterhaut. Sie besteht aus Fettgewebe, das als Wasserspeicher dient und unter anderem vor Unterkühlung schützt.

Ein Blick auf die Oberhaut zeigt bei genauem Hinsehen zwei unterschiedliche Muster. Der größte Teil des Körpers ist von einer Haut mit kleinen, rautenförmigen Mustern überzogen, das ist die „Felderhaut". Eine andere Haut sitzt in den Handflächen sowie an den Fußsohlen. Sie wird „Leistenhaut" genannt und ist an parallel verlaufenden Furchen zu erkennen.

Warum kann man sich selbst nicht kitzeln?

Wenn dich ein Freund oder eine Freundin an einer empfindlichen Stelle kitzelt, ist das unangenehm und du musst lachen. Wer jedoch versucht, sich selbst zu kitzeln, dem passiert das nicht. Für diese unterschiedlichen Reaktionen ist das Gehirn verantwortlich.

Aus den unzähligen Reizen, mit denen der Mensch in jeder Sekunde überflutet wird, wählt es nur die wichtigen aus. Den anderen Reizen schenkt es kaum Beachtung. Und zu ihnen gehört das Kitzeln mit der eigenen Hand, denn das Gehirn geht davon aus, dass niemand sich selbst Schaden zufügen wird. Und es weiß ja schon, wo und wie stark sich jemand kitzeln wird.

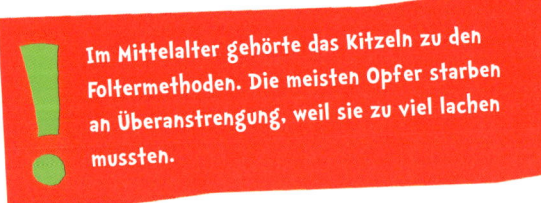

Im Mittelalter gehörte das Kitzeln zu den Foltermethoden. Die meisten Opfer starben an Überanstrengung, weil sie zu viel lachen mussten.

Was ist die Seele?

Eine schwierige Frage, denn die Seele ist nichts, was du sehen kannst. Daher unterscheidet sich die Vorstellung von der Seele in den verschiedenen Kulturen und Religionen voneinander. Wir verstehen unter Seele oft den Geist, den Willen und das Gemüt und stellen uns vor, die Seele würde sich im Kopf oder im Herzen des Menschen befinden. In der christlichen Religionslehre ist die Seele von Gott geschaffen und unsterblich. Sie verleiht jedem Menschen etwas Unverwechselbares, das ihn von allen anderen Menschen unterscheidet. Es gibt auch Religionen, die nicht nur eine, sondern gleich mehrere Seelen kennen.

Woher kommt der Muskelkater?

Manchmal kommt man, einen Tag nachdem man Sport gemacht hat, kaum aus dem Bett: Muskelkater! Der entsteht, wenn wir unseren Körper übermäßig beanspruchen. Dann können sich leichte Risse in den Muskelfasern und in den zugehörigen Blutgefäßen bilden. Diese führen zu Schwellungen und schon tun einem die Glieder weh und man kann sich nur eingeschränkt bewegen. Die Muskeln sind dick und daher nicht so dehnbar wie sonst. Daher verbringt man einen Tag mit Muskelkater am besten in der Hängematte.

Brauchen wir eigentlich Ohrenschmalz?

Immer wieder setzt sich in der Ohrmuschel eine bräunlich gelbe Masse ab, Ohrenschmalz. Doch auch wenn es eklig aussieht und nicht gerade angenehm riecht, hat es einen Nutzen. Das Ohrenschmalz schützt das Ohr vor Staub, Schmutz oder sonstigen Fremdkörpern. Zudem verhindert es, dass sich Bakterien und Insekten darin einnisten. Und es enthält Stoffe, die Krankheitserreger abtöten.

Kleine Drüsen im Ohr bilden das Ohrenschmalz. Anschließend sorgen feine Härchen dafür, dass es von innen nach außen transportiert wird, wo es sich dann absetzt.

Ohren sollten nur äußerst vorsichtig mit Wattestäbchen gereinigt werden. Wer zu fest drückt, drückt das Ohrenschmalz ins Ohr. Wer zu viel reinigt, entfernt das schützende Schmalz.

Was passiert beim
Schlafwandeln?

Wenn wir schlafen, liegen wir normalerweise ruhig und mit geschlossenen Augen da und träumen. Es gibt jedoch auch Menschen, die manchmal beim Träumen aufstehen, herumlaufen oder laut mit einer Traumfigur sprechen. Gleichzeitig schlafen sie aber weiter. Wenn sie aufwachen, können sie sich nicht mehr daran erinnern.

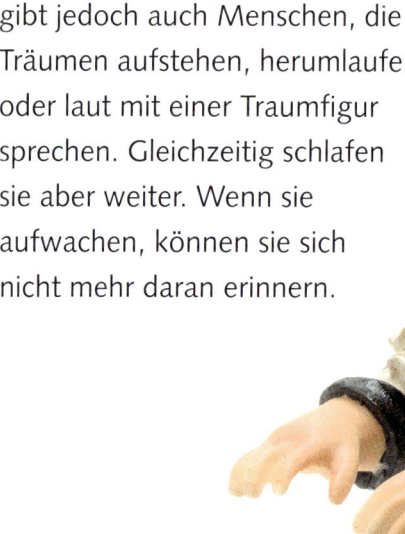

Ist Fieber eine Krankheit?

Wenn du mit Fieber im Bett liegst, bist du krank, obwohl Fieber gar keine Krankheit ist. Klingt kompliziert, ist es aber nicht. Fieber bedeutet nichts anderes, als dass schädliche Krankheitserreger in unseren Körper eingedrungen sind und er sie nun bekämpft. Dazu gibt das Gehirn verschiedene Befehle gleichzeitig: Die Schweißdrüsen schließen sich, und die Blutgefäße, die nahe der Körperoberfläche liegen, ziehen sich zusammen. Das alles führt dazu, dass die Körpertemperatur auf über 37 °C steigt und durch die so entstehende Hitze viele Bakterienarten abgetötet werden. Fieber kann also durchaus etwas Gutes sein, auch wenn du im Bett liegen musst.

Wieso muss man nach dem Tauchen langsam aufsteigen?

Tauchen ist eine tolle Sache. Doch aufgepasst! Dort unten wirkt ein sehr viel stärkerer Druck, der die Lunge und die Atemluft zusammenpresst. Wenn es ans Auftauchen geht, ist besondere Vorsicht geboten: Wenn ein Taucher sich der Wasserober- fläche nähert, dehnt sich die zusammengepresste Atemluft wieder aus. Doch das darf nicht zu schnell geschehen. Sonst wäre der Körper überfordert. Daher lernen Taucher genau, wie lang die Pausen beim Auftauchen sein müssen.

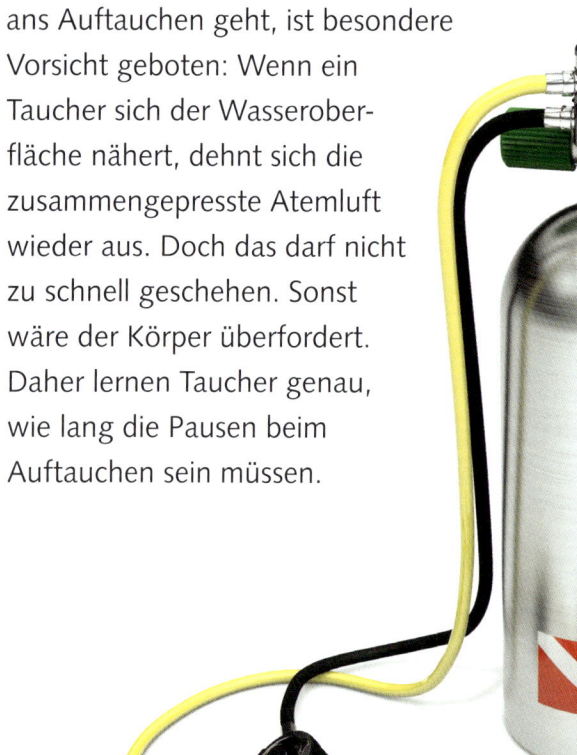

Wie oft lügt ein Mensch am Tag?

Mal angenommen, du wirst gefragt, ob du manchmal lügst, und du antwortest darauf mit Nein, dann wäre das eine Lüge. Denn Wissenschaftler haben herausgefunden, dass wir es häufig bis zu 200-mal am Tag mit der Wahrheit nicht so genau nehmen – bewusst oder unbewusst. Dabei lügen Männer häufiger als Frauen.

Ein Kind lügt vermutlich im Alter zwischen drei und fünf Jahren zum ersten Mal. Dann merkt es, dass es mit falschen Aussagen unter Umständen besser fährt als mit der Wahrheit und so vielleicht schneller das bekommt, was es will. Übrigens belügen sich Lügner meistens zuerst selbst, denn sie stellen sich Dinge so vor, wie sie sie gerne hätten. Wenn sie dann davon erzählen, tun sie so, als sei es die Wahrheit.

Wie entsteht Schluckauf?

So ein Schluckauf kann ziemlich hartnäckig sein. Er entsteht im Zwerchfell, das zwischen Brustkorb und Bauchraum sitzt. Das Zwerchfell zieht sich in regelmäßigen Abständen zusammen und erweitert dadurch den Brustraum, sodass Luft einströmen kann. Die wandert an der Stimmritze im Kehlkopf vorbei durch die Luftröhre Richtung Zwerchfell. Manchmal jedoch – zum Beispiel bei zu schnellem Trinken – zieht sich das Zwerchfell krampfartig zusammen. Nun schießt viel Luft in den Brustraum. Das aber geht der Stimmritze zu schnell und sie schließt sich blitzartig. Die Luft prallt gegen die verschlossene Stimmritze und es entsteht der „Hicks".

Waren Menschen früher größer oder kleiner?

Oft liest man, dass die Menschen früher kleiner waren und erst im Laufe von vielen Tausend Jahren immer größer geworden sind. Das kann zum Beispiel daran liegen, was die Menschen gegessen haben. Vor ein paar Hundert Jahren kannte man bei uns noch keine Kartoffeln. Fleisch konnten sich nur die Reichen leisten und wenn eine Naturkatastrophe die Ernte zerstörte, wurde die Nahrung knapp. Also hatte der Körper oft nicht genügend Kraft, um noch größer zu werden.

So einen großen Mann wie Dirk Nowitzki hätte es früher also nicht gegeben, aber da kannte ja auch noch niemand Basketball.

Wozu brauchen wir Wimpern?

Unsere Augen sind sehr empfindlich. Es ist daher äußerst unangenehm, wenn Staub hineingelangt. Die Wimpern fangen Fremdkörper wie winzige Schmutzteilchen, aber auch kleinere Insekten ab. Die feinen Härchen sitzen am oberen und unteren Augenlid und erinnern an einen feinen Pinsel.

Insgesamt haben Menschen 200 bis 400 Wimpernhaare, am oberen Augenlid etwa dreimal so viele wie am unteren. Wie jedes andere Haar verfügt auch ein Wimpernhaar nur über eine begrenzte Lebensdauer. Nach 100 bis 150 Tagen fällt es aus und ein neues wächst nach. Für den Schutz des Auges sorgen übrigens auch die Augenlider.

Wie bestimmt man die Schuhgröße?

Vor ein paar Hundert Jahren wurden noch alle Schuhe von Hand gefertigt und passten daher wie angegossen. Inzwischen jedoch kommen Schuhe aus der Fabrik, wo sie in großen Stückzahlen und unterschiedlichen Größen hergestellt werden.

Dafür musste zunächst eine Maßeinheit gefunden werden. Sie heißt „Stich" und entspricht 0,666 cm. Genau so lang waren früher die Leisten, aus denen die Schuhmacher ihre Holzschablonen für die Schuhherstellung anfertigten. Der Fuß, der in einen Schuh der Größe 34 passt, darf also auf keinen Fall länger als 22,6 cm sein (34 x 0,666 cm). Dann nämlich stößt er an und der Schuh ist zu klein. Ist der Fuß so um die 22 cm lang, sollte man zu Größe 33 greifen.

8 Fragen zum Menschen.
Kennst du die Antworten?

1. Der Neandertaler wurde gefunden in der
   Nähe von ...?
   a) Düsseldorf
   b) Rom
   c) Wien

2. Wie viele Knochen hat ein Erwachsener?
   a) 26
   b) 112
   c) 206

3. Wie oft schlägt das menschliche Herz am Tag?
   a) etwa 1000-mal
   b) etwa 10 000-mal
   c) etwa 100 000-mal

4. Welches dieser Organe kommt
   zweimal im Körper vor?
   a) Herz
   b) Leber
   c) Niere

5. Wie viele Milchzähne haben wir?

   a) 16

   b) 20

   c) 28

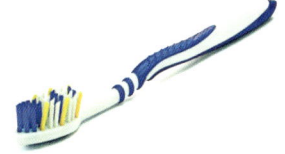

6. Welches ist der stärkste Muskel im menschlichen Körper?

   a) der Brustmuskel

   b) der Kaumuskel

   c) der Oberarmmuskel

7. Wer kann besser schmecken?

   a) ein Säugling

   b) ein Erwachsener

8. Welche Aussage über das Blut ist falsch?

   a) Männer haben mehr Blut als Frauen.

   b) Es gibt fünf Blutgruppen.

   c) Blut transportiert Sauerstoff.

Was steckt hinter dem Aprilscherz?

Es ist eine schöne Tradition, anderen Menschen am 1. April einen Streich zu spielen. Der Überlieferung zufolge fuhr der Teufel am 1. April in die Hölle, daher muss man sich an diesem Tag besonders vor dem Bösen hüten und gut hinhören, damit man nicht „in den April geschickt" wird.

Wie kamen die Indianer zu ihren Pferden?

Winnetou ohne sein Pferd Iltschi ist genauso unvorstellbar wie andere Indianer ohne Pferde. Doch die Indianer, die Ureinwohner Amerikas, hatten viele Jahrtausende überhaupt keine Pferde. Die Tiere waren dort schon vor etwa 20 000 Jahren ausgestorben. Als die Spanier dann vor etwa 500 Jahren Teile Amerikas eroberten, brachten sie ihre Pferde mit, die in den Prärien Nordamerikas Herden bildeten.

Für die Indianer wurden Pferde bald zu den wichtigsten Tieren neben den Bisons, von denen sie sich ernährten. Sie fingen die Pferde ein, um sie nach Art der Weißen zum Reiten abzurichten. Und schon bald waren die Indianer als geschickte Reiter und erfolgreiche Pferdezüchter weithin bekannt.

Gibt es Vampire wirklich?

Wenn man abends eine Fledermaus durch den Garten fliegen sieht, muss man unwillkürlich an Vampire denken. Jedes Kind kennt die Geschichten über diese merkwürdigen Wesen, die Menschen das Blut aussaugen. In der Wirklichkeit existieren solche Vampire nicht. Im Tierreich aber gibt es tatsächlich Lebewesen, die den Blutsaugern sehr ähnlich sind und die daher auch so heißen: Vampirfledermäuse. Doch keine Angst, diese Flattertiere leben in Südamerika, haben also nichts mit heimischen Fledermäusen zu tun. Und richtig weh tun sie ihren Opfern auch nicht, denn sie saugen nur ein paar Tröpfchen Blut. Dabei aber können sie gefährliche Krankheiten übertragen.

Wer erfand die Jeans?

Jeans sind nicht nur bequem, sondern sie halten auch eine ganze Menge aus. Und genau das wollte ihr Erfinder, ein gewisser Löb Strauss.

Vor mehr als 160 Jahren wanderte er von Deutschland in die USA aus. Als er hörte, dass man in Kalifornien Gold gefunden hatte, zog er nach San Francisco, aber nicht, um nach Gold zu suchen, sondern um Bekleidung an die Goldsucher zu verkaufen. Für sie nähte er ganz besonders strapazierfähige Hosen aus festem Baumwollstoff. Die Hosentaschen besetzte er mit Nieten, damit sie nicht so schnell ausrissen. Und schon waren die Jeans „geboren", die inzwischen längst nicht mehr nur zum Arbeiten getragen werden.

Was sind Aliens?

Das englische Wort für „Außerirdische" ist „Aliens". Bis heute wissen wir nicht, ob es vielleicht in irgendeinem Winkel des Universums weiteres intelligentes Leben gibt. Wir können es nur vermuten. Einige Wissenschaftler glauben jedoch fest daran und versuchen mit den unterschiedlichsten Methoden, mit diesen Wesen in Kontakt zu treten. Bislang allerdings ohne Erfolg.

Daher ist das Einzige, was wir mit einigermaßen großer Sicherheit von Außerirdischen sagen können, dass es sie in unserem Sonnensystem nicht gibt.

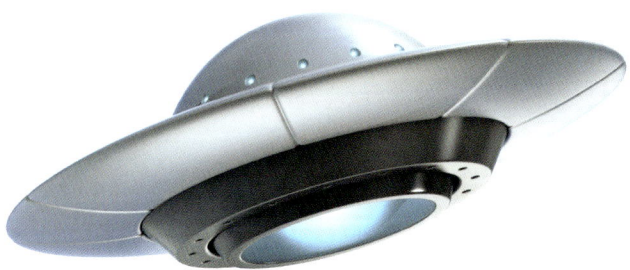

Wofür braucht man Seemannsgarn?

Manchmal kommen einem Geschichten zu Ohren, da denkt man sich: „Da spinnt jemand ganz schönes Seemannsgarn." Damit ist gemeint, dass jemand flunkert. Angeblich ist die Redensart mit dem Seemannsgarn tatsächlich auf hoher See entstanden. Wenn nicht genügend Wind zum Segeln herrschte, mussten die Matrosen aus Garn Taue drehen. Da diese Arbeit alles andere als spannend war, erzählten sie sich dabei die unglaublichsten Geschichten, die sie mit viel Fantasie ausschmückten und sich immer weiter von der Wirklichkeit entfernten.

Warum fährt man in England links?

Wer schon einmal in England war, weiß, dass der Straßenverkehr dort ziemlich verwirrend ist. Die Autos fahren dort links, und wenn man über die Straße geht, muss man – anders als bei uns – erst nach rechts und dann nach links schauen. Der Linksverkehr ist allerdings keine Erfindung der Engländer, sondern stammt aus einer Zeit, als noch keine Autos, sondern Pferde unterwegs waren. Wer links ritt, hatte den rechten Arm frei, um bei drohender Gefahr schnell nach dem Schwert greifen zu können. Den Rechtsverkehr erfand der französische Kaiser Napoleon Bonaparte, der seine Soldaten auf der rechten Straßenseite marschieren ließ, um die Gegner zu verwirren. In vielen Ländern, die er eroberte, herrscht seitdem Rechtsverkehr.

Wer baute den Limes?

Hast du schon einmal von der Chinesischen Mauer gehört? Sie ist über 8000 Kilometer lang und damit die längste Grenzbefestigung der Welt.
Aber wusstest du, dass auch durch Deutschland eine lange Grenze aus Holz und Steinen verläuft? Sie heißt Limes (lateinisch für Grenze), ist knapp 550 Kilometer lang und wurde vor fast 2000 Jahren von den Römern errichtet, die damit ihr Reich vor den Germanen schützen wollten.

Zunächst stellten sie in Sichtweite zueinander Wachtürme aus Holz auf. Später bauten sie einen mannshohen Holzzaun, der zusätzlich durch Wälle und Gräben gesichert wurde. Schließlich ersetzte man diese Grenzanlagen an vielen Stellen durch eine zweieinhalb bis drei Meter hohe Steinmauer. Du kannst die Spuren des Limes übrigens heute noch an zahlreichen Stellen im südlichen Deutschland ausfindig machen.

Wie kam Micky Maus zu seinem Namen?

Jedes Kind, das gerne Comics liest, kennt diese Maus mit den großen Ohren. Fast jedoch hätte sie einen anderen Namen bekommen. Wusstest du das?

Ihr Erfinder Walt Disney und sein Zeichner Ub Iwerks grübelten vor über 80 Jahren lange über dem richtigen Namen und entschieden sich für „Mortimer". Dieser Name jedoch gefiel Disneys Frau Lillian überhaupt nicht, und sie schlug stattdessen „Mickey" (die englische Schreibweise von „Micky") vor. Ihr Mann war einverstanden, und die Maus konnte getauft werden. Ihren ersten Auftritt hatte Micky übrigens nicht in einem Comicheft, sondern 1928 in einem Zeichentrickfilm.

Seit wann schreiben Menschen Tagebücher?

Schreibst du auch Tagebuch? Hältst du fest, was du erlebt hast oder worüber du dir Gedanken machst? Vor ungefähr 700 Jahren haben die Menschen begonnen, die ersten Tagebücher zu schreiben und darin ganz persönliche Erlebnisse festzuhalten. Zu dieser Zeit wurde übrigens auch das Papier immer bekannter. Das war erschwinglicher als das bis dahin gebräuchliche Pergament. Aus diesen ersten Tagebüchern wissen wir heute vieles vom Leben damals. Praktisch!

Warum gibt es freitags oft Fisch?

Schon vor vielen Hundert Jahren bestimmte die Kirche, dass man am Freitag auf Fleisch aller Art verzichten solle, um so Jesu zu gedenken, der an einem Freitag am Kreuz gestorben war. Viele Jahrhunderte lang gab es daher freitags kein tierisches Fleisch, also auch keinen Fisch. Doch die Mönche des Mittelalters empfanden dieses Verbot als zu streng, denn sie aßen nur allzu gern. Daher überlegten sie, wie sie denn das Fleischverbot umgehen könnten. Kurzerhand legten sie fest, dass die Bezeichnung Fleisch nur auf Tiere zuträfe, die an Land lebten. Deshalb sei Fisch kein Fleisch und man dürfe ihn essen.

Übrigens aßen die Mönche auch das Fleisch von Bibern, denn die verbrachten die meiste Zeit im Wasser und gehörten damit für sie auch zu den Fischen.

Wer war die Sphinx?

In Büchern über die Pyramiden in Ägypten ist oft eine riesige Steinfigur zu sehen, die einen Löwen mit Menschenkopf darstellt, eine Sphinx. Sie ist mehr als 4500 Jahre alt. In dem Buch steht, dass die Ägypter sie häufig als steinerne Wächter vor Grabstätten verwendeten.

Die Sphinx galt nämlich als Zeichen für den Tod. Sie steht aber auch für Herrschaft und königliche Macht. Dafür spricht, dass die bekannteste Sphinx, die Sphinx von Giseh in der Nähe der berühmten Cheopspyramide, vermutlich den Kopf eines verstorbenen Herrschers trägt und sich direkt neben ihr ein Tempel befindet. So richtig geklärt ist das allerdings bis heute nicht. Es scheint, als hätten die alten Ägypter so manches Geheimnis mit ins Grab genommen.

Was haben Schlangen mit Apotheken zu tun?

Alle Apotheken führen in ihrem Zeichen eine Schlange, denn dieses Tier ist schon seit langer Zeit ein Symbol für die Medizin. Das liegt in erster Linie daran, dass früher Schlangenfleisch als Medikament gegen verschiedenste Krankheiten benutzt wurde: Es sollte gegen Zahnweh und Bauchschmerzen ebenso helfen wie gegen Fieber oder Augenkrank-

heiten. Noch vor 200 Jahren konnte man in der Apotheke übrigens nicht nur Medizin aus Schlangen, sondern sogar ganze Schlangen kaufen!

Wie viel verdient der Papst?

Ein Papst verdient nichts, bekommt also nicht wie ein normaler Arbeiter oder Angestellter ein monatliches Gehalt. Für alles, was das Oberhaupt der katholischen Kirche braucht, also vor allem Kleidung und Essen, sorgt der Vatikan. Der Papst ist auch das Oberhaupt dieses Kleinstaats in Rom.

Trotzdem verdient der Papst Geld. Wenn er etwa ein Buch schreibt, dann kann er über das Geld, das er dafür bekommt, persönlich verfügen. Und der Papst behält auch sein Vermögen, das er vor seiner Wahl angesammelt hat. Häufig jedoch spenden Päpste ihr privates Geld für wohltätige Zwecke. Denn eigentlich haben sie alles, was sie brauchen.

Woher kam das erste Papier?

Wer das Papier erfunden hat, weiß heute niemand mehr. Das älteste Dokument, in dem die Papierherstellung beschrieben wird, stammt von einem Chinesen namens Tsai Lun und ist fast 2000 Jahre alt. Er kochte einen Brei aus Maulbeerbaumrinde, Hanf und den Resten alter Fischernetze. Anschließend gab er die Masse auf Bambusmatten und trocknete sie auf flachen Steinen. Schon bald stellten auch viele andere Chinesen Papier her. Nach Europa kam es erst etwa 1000 Jahre später, im 11. Jahrhundert.

Vorläufer des Papiers war das Papyrus, das die alten Ägypter erfanden und aus der Sumpfpflanze Cyperus Papyrus herstellten. Nach der Ernte entfernten sie das Innere des Pflanzenstängels, das Mark, schnitten es in dünne Streifen und legten diese eng aneinander. Darüber legten sie quer eine zweite Schicht. Anschließend deckten sie das Mark mit einem Tuch ab und klopften so lange mit einem Stein darauf, bis sich die Schichten miteinander verbunden hatten und ein festes Blatt entstanden war. Dieses wurde mehrere Tage lang getrocknet und anschließend noch einmal glatt gestrichen. Nun konnte darauf geschrieben werden. Reichte ein Blatt nicht aus, wurden mehrere Blätter mit einer Paste aus Mehl aneinandergeklebt. Das fertige Schriftstück wurde gerollt.

Da sie als Erste Papier hatten, bauten die Chinesen auch die ersten Papierflieger. Den Rekord für den längsten Papierfliegerflug hält allerdings ein Amerikaner. Sein Flieger flog über 58 m weit.

Seit wann haben Piratenschiffe eine Totenkopfflagge?

Die ersten Piraten, die vor etwa 2000 Jahren das Mittelmeer unsicher machten, zogen an ihrem Mast eine Totenkopfflagge auf, wenn sie sich einem Schiff näherten, um damit dessen Besatzung zu erschrecken. Seitdem gilt der weiße Schädel mit weißen gekreuzten Knochen auf schwarzem Grund als Kennzeichen von Piratenschiffen.

Doch es gab auch Piraten, die ohne die Totenkopfflagge die Meere befuhren. Vom 15. bis 18. Jahrhundert waren einige von ihnen im Auftrag ihrer Königshäuser unterwegs. Sie hissten stets ihre Landesfahne, bevor sie ein Schiff plünderten. Und auch die modernen Piraten, die heute vor Afrika Handelsschiffe in ihre Gewalt bringen und sie erst gegen Zahlung eines Lösegelds wieder freigeben, verzichten meist auf die Totenkopfflagge.

Wann gab es das erste Poesiealbum?

Vor allem bei Kindern sind Poesiealben beliebt, in die Freunde einen Spruch hineinschreiben. Diese Freundschaftsbücher kamen vor etwa 500 Jahren in Mode, allerdings nicht bei Kindern, sondern bei Studenten.

Damals hießen sie noch „Stammbücher". Professoren und Mitstudenten schrieben gute Wünsche hinein und unterzeichneten. Je mehr Einträge sich in einem Buch befanden und je höhergestellt die Personen waren, von denen sie stammten, desto größer war das Ansehen des Buchbesitzers.

Vor etwa 300 Jahren dann gab es in allen gesellschaftlichen Schichten solche Bücher, in die Freunde und Bekannte meist Poesie schrieben, also Gedichte und Weisheiten. Und schon nannte man ein solches Buch „Poesiealbum".

Wo tragen Männer Röcke?

In Schottland laufen tatsächlich Männer in Röcken durch die Straßen. Allerdings nennen sie das traditionelle Kleidungsstück „Kilt", um es von Frauenröcken zu unterscheiden. Ein Kilt besteht aus etwa 9 m Stoff, der um die Hüften gewickelt wird und wie ein Rock aussieht.

Das Besondere an einem Schottenrock ist das Muster. Es kann – muss aber nicht – auf die Zugehörigkeit zu einem Clan (einer Personengruppe mit gleichem Nachnamen) verweisen oder bei Soldaten auf die Angehörigkeit zu einem bestimmten Regiment. Damit der Kilt nicht herunterrutscht, wird er von einer großen Sicherheitsnadel oder einer Brosche zusammengehalten. Ein Kilt hat keine Taschen, man trägt daher dazu meist eine kleine Ledertasche um die Hüfte.

Warum ist der rote Teppich rot?

Bei festlichen Veranstaltungen, etwa bei Film- oder Theaterpremieren, zu denen viele Prominente kommen, wird häufig ein roter Teppich ausgerollt. Heute könnte er auch jede andere Farbe haben, doch früher war Rot äußerst kostbar. Der rote Farbstoff wurde noch nicht künstlich hergestellt, sondern aus Purpurschnecken gewonnen. Die Tiere geben über eine Drüse Schleim ab, der im Sonnenlicht scharlachrot wird. Die Gewinnung dieser Substanz ist jedoch sehr teuer und aufwendig: Für ein Gramm Farbstoff müssen 8 000 Purpurschnecken ihr Leben lassen. Daher ließen Herrscher bei Festen purpurrote Teppiche ausrollen, um ihren Wohlstand und ihre Bedeutung zu zeigen.

Wo darf man beim Essen rülpsen?

Es gehört sich einfach nicht, in aller Öffentlichkeit zu rülpsen – und schon gar nicht beim Essen. Diese Regel gilt allerdings nicht in China. Dort ist der Gastgeber sogar beleidigt, wenn seine Gäste während der Mahlzeit nicht rülpsen. Und sie sollten auch kräftig schmatzen, denn derlei Geräusche sind das beste Zeichen dafür, dass es ihnen schmeckt.

Auch in anderer Hinsicht unterscheiden sich die chinesischen Tischsitten von unseren: Schmeckt einem etwa ein Stück Fleisch nicht oder ist es zu zäh, dann wird es einfach neben den Teller auf den Tisch gelegt.

Wer allmählich gesättigt ist, sollte eine wichtige Regel beachten: Niemals den Teller leer essen! Auch das beleidigt den Gastgeber, denn es vermittelt ihm das Gefühl, das Essen habe nicht gereicht.

Wer wohnt im größten Privatschloss?

Das größte bewohnte Privatschloss der Welt gehört der britischen Königsfamilie. Es heißt Windsor Castle und steht etwa 30 km westlich der britischen Hauptstadt London. Königin Elisabeth II. verbringt hier oft die Wochenenden. Wenn sie sich im Schloss aufhält, weht von einem großen runden Turm die königliche Flagge. Besucher haben dann allerdings Pech; denn das Schloss können sie nur besichtigen, wenn die Queen nicht da ist.

Windsor Castle liegt direkt an der Themse und wurde vor knapp 1000 Jahren unter Wilhelm dem Eroberer errichtet. Vom Ursprungsbau stehen heute nur noch die Außenmauern. Im Laufe vieler Jahrhunderte baute die Königsfamilie eben häufig um.

Gibt es Wörter, die man nicht übersetzen kann?

Wenn du Englischvokabeln lernst, dann steht im Buch neben dem englischen Wort der passende deutsche Begriff. Allerdings gibt es in jeder Sprache Wörter, die sich nicht übersetzen lassen. Manchmal behelfen sich die Menschen damit, dass sie diese Wörter einfach in ihre Sprache übernehmen. So haben englische Kinder auf Wanderungen einen „rucksack" dabei oder gehen in den „kindergarten".

Manche Wörter sind jedoch überhaupt nicht zu übersetzen. Sie können nur umschrieben werden, etwa das indonesische Wort „abo". Es bedeutet „im Dunkeln seinen Weg ertasten".

Darf man beim Arzt auch „Oh" sagen?

Wohl jeder hat schon einmal diese Aufforderung des Arztes vernommen: „Bitte den Mund weit aufmachen und ‚Aah' sagen!" Dann nimmt der Arzt ein Holzstäbchen, drückt damit die Zunge herunter und schaut in die Mundhöhle und in den Rachen. Dort kann er zum Beispiel sehen, ob der Hals oder die Mandeln gerötet sind.

Wenn der Arzt seinen Patienten auffordern würde, „Ooh" zu sagen, hätte er keinen freien Blick in den Hals. Denn bei diesem Laut ist der Mund nicht vollständig geöffnet, ebenso bei „Iih" oder „Uuh". Bei „Mmh" ist er sogar vollständig verschlossen. Nur bei dem Laut „Aah" musst du den Mund ganz weit aufmachen, was sich leicht vor einem Spiegel ausprobieren lässt.

8 Fragen zur Kultur.
Kennst du die Antworten?

1. Wie heißen die Schriftzeichen der
   alten Ägtypter?
   a) Runen
   b) Hieroglyphen
   c) Piktogramme

2. Wie viele antike Weltwunder gibt es?
   a) 12
   b) 5
   c) 7

3. In welchem Land bezahlte man bis zur
   Einführung des Euro mit dem Franc?
   a) Deutschland
   b) Frankreich
   c) Österreich

4. Wie heißt die riesige alte Steinkreisanlage
   in Großbritannien?
   a) Wallstone
   b) Moai Stones
   c) Stonehenge

5. Wo wurde das Speiseeis erfunden?
   a) China
   b) Russland
   c) Italien

6. Was ist eine Zeitungsente?
   a) berühmte Ente aus den 1970er-Jahren
   b) Falschmeldung in einer Zeitung
   c) gefaltete Ente aus Zeitungspapier

7. Wann wurde Deutschland wiedervereinigt?
   a) 1990
   b) 1945
   c) 1921

8. Wie heißt das große hölzerne Pferd, mit dem
   eine Stadt erobert wurde?
   a) Seepferd
   b) Archaisches Pferd
   c) Trojanisches Pferd

Warum tragen Astronauten besondere Anzüge?

Im All herrschen völlig andere Bedingungen als hier auf der Erde. Deshalb stecken die Astronauten in besonderen Anzügen, die aus mehreren Schichten bestehen. Gegen die Hitze im All können sie in ihre innerste Anzugschicht kaltes Wasser pumpen. In Acht nehmen müssen sie sich allerdings vor den herumfliegenden Staub- und Steinteilchen. Doch ihr Anzug ist aus widerstandsfähigem Material gebaut.

Warum klebt Alleskleber nicht in der Tube fest?

Kleine Schäden wie ein abgebrochener Henkel an einer Kaffeekanne sind mit Alleskleber schnell behoben.

Der funktioniert allerdings nur dann, wenn Luft dran kommt. Kleber enthält sogenannte Lösungs-mittel, die er an die Luft abgibt. Sind sie weg, wird er hart.

In der Fabrik pressen Maschinen den Klebstoff luftdicht in die Tube. So bleibt er flüssig und klebt nicht in der Tube fest.

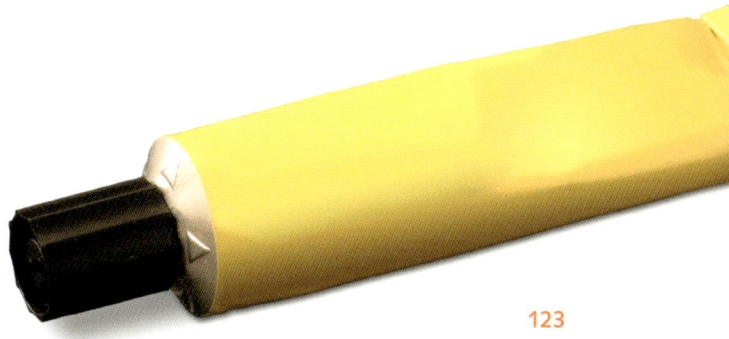

Wie groß war der erste Computer?

Ein Computer ist doch sehr praktsich. Mit ihm kann man im Internet forschen, wenn man zum Beispiel wissen möchte, wer ein gewisser Konrad Zuse war. Der hat 1941 den ersten Computer erfunden, der vom Prinzip schon ungefähr so funktionierte wie die heutigen Geräte. Der Zuse-Computer allerdings war so groß wie ein Tisch und wog 500 Kilogramm. Ein paar Jahre später entwickelten Techniker in den USA einen riesigen Computer, der in Sekundenschnelle Tausende Rechenaufgaben lösen konnte. Der war allerdings größer als ein kleiner Laster, denn damals gab es noch nicht diese winzig kleinen Chips, die heute in unseren handlichen Rechnern sitzen.

Wer stellt eine Funkuhr?

Die Funkuhr erhält ihr Signal von einer Atomuhr. Das ist die genaueste Uhr, die es derzeit gibt. In Deutschland stehen davon gleich mehrere Exemplare, und zwar in Braunschweig. Von dort wird ihr Signal in die Mitte von Deutschland, nach Frankfurt, übertragen – und von dort mit einem einzigen Sender an alle Funkuhren im Umkreis von 1500 Kilometern. Andere Länder verfügen über ähnliche Systeme: Wenn du also mal ins Ausland fährst, hast du auch dort stets die genaue Zeit, wenn du eine Funkuhr mitnimmst.

Warum sind Autoreifen schwarz?

Grundsätzlich könnten Autoreifen jede beliebige Farbe haben, also auch Blau, Grün oder Rot. Doch die Farbe Schwarz hat sich im Laufe der Zeit durchgesetzt, weil man den Straßendreck nicht auf ihr sieht.

Reifen werden aus Gummi hergestellt, einem Stoff, der heutzutage künstlich aus verschiedenen Zutaten gemixt wird. Früher jedoch verwendete man dafür vorwiegend natürlichen Kautschuk. Dieser Pflanzensaft hat einen hellbeigen Farbton. Um die Reifen haltbarer zu machen, gaben die Hersteller noch ein wenig Ruß in die zähflüssige Masse, die nun schwarz wurde. Übrigens gab es früher auch weiße Reifen, doch die wurden viel zu schnell dreckig und werden heute nur noch sehr selten angeboten.

Schweben Schwebebahnen wirklich?

Warst du schon mal in Wuppertal und bist mit der längsten Schwebebahn Deutschlands gefahren? Und hast du dich gefragt, ob diese Bahn tatsächlich in der Luft schwebt? Dieser Eindruck kann schon entstehen, wenn man so hoch über der Wupper dahingleitet – das ist der Fluss, der durch die Stadt fließt. Doch eine Schwebebahn schwebt gar nicht richtig, sondern fährt auf Rädern. Allerdings befinden sich die auf dem Dach der Wagen und sind in die darüber liegenden Eisenbahnschienen eingehängt. Die Schienen wiederum liegen auf Stelzen und haben keinerlei Bodenkontakt. Kein Wunder also, dass man da oben zu schweben glaubt.

Wie funktioniert eine Rakete?

Ganz gleich, ob es sich um eine Feuerwerksrakete handelt, die zu Silvester in den Himmel geschossen wird, oder um eine Rakete, die einen Satelliten ins Weltall befördern soll – sie alle funktionieren nach dem sogenannten Rückstoßprinzip.

Wie Flugzeuge haben Raketen Triebwerke, die Treibstoff benötigen. Bei dessen Verbrennung entstehen heiße Gase, die ausgestoßen werden und die Rakete nach vorne schießen lassen. Als Treibstoffe dienen flüssiger Sauerstoff und Wasserstoff, die sich jeweils in einem eigenen Tank befinden. In einer Brennkammer werden sie zusammengeführt und gemeinsam verbrannt. Dabei entstehen mehrere Tausend Grad heiße Gase, die sich in einer Explosion ausdehnen und durch Düsen am Ende der Rakete ausgestoßen werden. Dadurch schießt der Flugkörper nach oben.

Raketen, die Satelliten in eine Erdumlaufbahn befördern sollen, fliegen über 350000 km weit. Dabei müssen sie sehr schnell werden und etwa 8 m pro Sekunde zurücklegen. Die Raketen sind darauf angewiesen, Treibstoff mitzuführen, dürfen aber nicht zu schwer sein. Daher haben Techniker Stufenraketen entwickelt, die aus zwei einzelnen Raketen (Stufen) bestehen. Ist der Treibstoff der ersten Stufe verbrannt, wird diese abgesprengt, weil sie nur noch eine unnötige Last darstellt, und verglüht im Weltall. Nun zündet die zweite Rakete und sorgt dafür, dass der Satellit sein Ziel erreicht.

Die schnellsten Flugzeuge

1	NASA X-34	USA	11 000 km/h
2	North American X-15	USA	7300 km/h
3	Lockheed SR-71	USA	3300 km/h
4	Bell X-2	USA	3300 km/h
5	MIG-25 Foxbat	Russland	2900 km/h

Ist die Schallmauer eine Mauer?

Manchmal, wenn ein Flugzeug sehr, sehr schnell fliegt, so etwa 1200 km/h (also mit Schallgeschwindigkeit), gibt es einen lauten Knall. Dann sagt man, das Flugzeug habe „die Schallmauer durchbrochen". Eine Mauer im herkömmlichen Sinn ist das natürlich nicht, denn im Himmel wird nicht gebaut.

Ein superschnelles Flugzeug drückt die Luft vor sich zusammen und schiebt sie zur Seite. Nun entsteht eine Druckwelle, die sich nach vorne in Schallgeschwindigkeit ausbreitet und schneller als das Flugzeug ist. Wenn es nun selbst Schallgeschwindigkeit erreicht, holt es die Druckwelle ein, die sich vor ihm auftürmt. Fliegt es noch schneller, durchbricht es die „Mauer" und hinter ihm entsteht eine weitere Schallwelle, die sich Richtung Erdboden bewegt. Wo sie ihn berührt, knallt es.

Wie kam ein Ritter in Rüstung aufs Pferd?

Die schweren Rüstungen sollten die Ritter auf dem Schlachtfeld schützen. Wer in einer solchen Rüstung ritt, musste gut trainiert sein. Daher schaffte er es meist auch, in voller Montur aufs Pferd zu steigen, ließ sich dabei allerdings von seinem Knecht helfen.

Im 16. Jahrhundert kämpften Ritter meist nur noch bei Turnieren gegeneinander. Die Rüstungen wurden massiver und ermöglichten kaum noch Bewegungen. Nun musste der Ritter von Knechten aufs Pferd gehoben werden. Wenn er auch dafür zu schwer war, benutzte man einen Kran, um ihn hochzuhieven.

Welche Scheibe splittert nicht?

Normale Glasscheiben oder Flaschen zersplittern in scharfkantige Stücke, wenn sie zu Bruch gehen, nicht aber Scheiben aus Verbundglas. Aus diesem Material besteht etwa die Windschutzscheibe eines Autos.

Verbundglas wird aus zwei Glasscheiben mit einer dazwischengeklebten reißfesten Kunststofffolie hergestellt. Dieses „Sandwich" kommt in einen Brennofen. Bei Temperaturen um die 300 °C verschmelzen Glas und Folie zu einer festen Masse. Damit diese noch stabiler wird, pressen Walzen sämtliche Luftbläschen aus dem Material. Kommt das Verbundglas aus dem Ofen, wird es abgekühlt. Nun ist es „unkaputtbar". Selbst wenn ein Stein dafür sorgt, dass es bricht, wird es nie splittern, denn die einzelnen Bruchstücke kleben an der Kunststofffolie.

Wie taucht ein U-Boot unter?

Unterseeboote, kurz „U-Boote" genannt, können sich sowohl an der Wasseroberfläche als auch unter Wasser fortbewegen. Für das Auf- und Abtauchen haben sie in ihrem Inneren mehrere Tanks. Soll ein U-Boot unter Wasser sinken, pumpen Motoren Wasser in die Tanks. Dadurch wird das Boot schwerer und sinkt.

Möchte es wieder auftauchen, wird das Wasser aus den Tanks abgelassen. Das U-Boot verliert an Gewicht und steigt langsam nach oben. Mit den Wassermengen in den Tanks lässt sich auch die Tiefe regulieren, in der sich das Boot unter Wasser bewegt.

U-Boote verfügen über zwei verschiedene Motoren. Unter Wasser fahren sie mit einem Elektromotor, über Wasser mit einem Dieselmotor. Da dieser eine Menge Abgase erzeugt, ist er unter Wasser unbrauchbar.

Warum haben Waschmaschinen Fenster?

Viele Jahrhunderte lang wuschen die Menschen ihre Kleidung allein mit der Kraft ihrer Hände in einem Gewässer. Das änderte sich erst mit der Erfindung des Waschbretts, eines Holzbretts mit einem regelmäßigen Muster von Erhebungen und Vertiefungen. Hierüber wird das Kleidungsstück gerieben, damit sich der Schmutz löst.
Dieses Hilfsmittel verwenden noch heute die Menschen in all jenen Ländern und Regionen, in denen es keine Waschmaschinen gibt.

Vor etwas über 200 Jahren kam dann jemand auf die Idee, ein Waschbrett mit einer Kurbel zu versehen. Damit hatte er den Vorläufer der Waschmaschine erfunden.

1901 konstruierte der Amerikaner Alva J. Fisher die erste elektrische Waschmaschine. Keine 50 Jahre später gab es die ersten automatischen Maschinen, wie wir sie heute kennen.

Die meisten dieser elektrischen Geräte haben an der Vorderseite ein Fenster, durch das man sehen kann, wie sich die Wäsche dreht.
Es mag zwar langweilig sein, der Wäsche beim Waschen zuzuschauen, doch die ersten Käufer von Waschmaschinen sahen das noch anders. Die neuen Geräte waren ihnen nicht geheuer, und es interessierte sie, was darin geschah. Und sie wollten sicher sein, dass ihrer Kleidung nichts passierte. Also bauten die Hersteller Fenster ein. Nun konnte sich jeder davon überzeugen, dass die Wäsche keinen Schaden nahm. Das weiß inzwischen jeder, weshalb es auch Waschmaschinen ohne Fenster gibt, etwa jene, die man von oben füllt.

Als es noch kein Waschmittel gab, nahmen die Menschen Salz zum Entfernen des Schmutzes. Doch das Salz griff die Haut der Wäscher und Wäscherinnen an und sorgte für schmerzhaft brennende Wunden.

8 Fragen zur Technik.
Kennst du die Antworten?

1. Welches Gerät misst die Stärke eines Erdbebens?
   a) Barometer
   b) Echolot
   c) Seismograf

2. Welches ist die höchste Windstärke?
   a) 10
   b) 12
   c) 100

3. Wie lang ist die längste Eisenbahnstrecke der Welt?
   a) über 3 000 km
   b) über 6 000 km
   c) über 9 000 km

4. Die Draisine war ein Vorläufer des …?
   a) Fahrrads
   b) Flugzeugs
   c) Roboters

5. Wie viele Menschen passen auf das größte
   Kreuzfahrtschiff der Welt?
   a) rund 5500
   b) rund 8400
   c) rund 10200

6. In welchem Land gibt es einen Roboterzoo?
   a) in China
   b) in Japan
   c) in Portugal

7. Wo gibt es einen Blog?
   a) im Auto
   b) im Hubschrauber
   c) im Internet

8. Wie heißt eine europäische Rakete?
   a) Ariane
   b) Athene
   c) Elektra

Auflösung Tier-Quiz

1. c) Ameisen und Bienen leben in Staaten zusammen und haben eine Königin, Fliegen hingegen nicht.

2. b) Spinnen unterscheiden sich von Insekten (sechs Beine) durch ihre acht Beine. Zudem ist ihr Körper in einen Kopf-Brust-Teil und einen Hinterleib geteilt.

3. b) Giraffen werden bis zu 6 m hoch, allerdings nur die Männchen, Weibchen sind kleiner.

4. b) Bären und Igel machen Winterschlaf und sind in der kalten Jahreszeit nicht zu sehen, Hasen hingegen halten keinen Winterschlaf.

5. a) Schwarze Panther gehören zu den Leoparden. Es gibt übrigens auch schwarze Jaguare, sie werden lediglich als „Panther" bezeichnet.

6. b) Kolibris schlagen über 50-mal mit ihren Flügeln und können sogar rückwärts und seitwärts fliegen.

7. c) Die Zunge eines Ameisenbären ist bis zu 60 cm lang, damit er mit ihr möglichst weit in die Ameisenhaufen hineinkommt.

8. a) Der Blauwal ist das größte bekannte Tier. Er kann über 30 m lang und mehr als 200 t schwer werden.

Auflösung Pflanzen-Quiz

1. c) Auf den Blättern des Sonnentaus bleiben Insekten kleben, von denen sich die Pflanze ernährt.

2. c) Die Gewürzvanille, die ursprünglich in Mexiko heimisch ist, gehört zu den Orchideen.

3. b) Schattenmorellen sind die beliebtesten Sauerkirschen.

4. c) Riesenmammutbäume können über 90 m hoch werden, ihr Stammdurchmesser beträgt oftmals 12 m und mehr.

5. b) Rote Rosen gelten schon seit dem Altertum als Symbol für Liebe.

6. b) Kaktusfeigen werden als Gemüse oder Obst gegessen.

7. a) Rotkohl und Grünkohl sind beliebte Wintergemüse, Gelbkohl hingegen gibt es nicht.

8. a) Die Frucht der Erdnuss ist eine Hülsenfrucht wie etwa die Bohne oder die Erbse.

Auflösung Erde-Quiz

1. c) Die Venus liegt der Erde am nächsten. Sie nähert sich ihr bis auf 38 Millionen km.

2. a) Der längste Fluss der Erde ist der 6800 km lange Amazonas. Er fließt in Südamerika durch die Länder Ecuador, Peru und Brasilien.

3. c) Kein See ist tiefer als der Baikalsee (1637 m). Er liegt in Sibirien, das zu Russland gehört.

4. c) In Australien wird ein tropischer Wirbelsturm „Willy-Willy" genannt.

5. b) Asien ist der größte und bevölkerungsreichste Erdteil. Hier leben über 4 Milliarden Menschen, das sind etwa 60 % der Weltbevölkerung.

6. b) Borkum und Sylt liegen beide in der deutschen Nordsee, Mainau hingegen ist eine Insel im Bodensee.

7. c) Die Straße von Gibraltar trennt Europa und Afrika voneinander, und zwar zwischen Spanien und Marokko.

8. c) 71 % der Erde sind von Wasser bedeckt. Die Erde ist der einzige bekannte Planet, auf dem es Wasser in flüssiger Form auf der Oberfläche gibt.

Auflösung Mensch-Quiz

1. a) Knochen des Neandertalers wurden im Neandertal bei Düsseldorf gefunden. Neandertaler waren Vorfahren des heutigen Menschen und lebten vor 160 000 bis 30 000 Jahren.

2. c) Ein Erwachsener hat insgesamt 206 Knochen. Der größte ist der Oberschenkelknochen, der kleinste der „Steigbügel" im Ohr.

3. c) Das Herz schlägt pro Minute etwa 70-mal, pro Tag sind das rund 100 000 Schläge.

4. c) Der Mensch hat zwei Nieren, eine auf der linken und eine auf der rechten Seite.

5. b) Wir haben 20 Milchzähne, das bleibende Gebiss hat 28 Zähne.

6. b) Unser stärkster Muskel ist der Kaumuskel. Als fast ebenso stark gilt der Gesäßmuskel.

7. a) Ein Säugling hat doppelt so viele „Schmeckzellen" wie ein Erwachsener.

8. b) Es gibt nur vier Blutgruppen: A, B, AB und 0.

Auflösung Kultur-Quiz

1. b) Die Schriftzeichen der alten Ägypter nennt man Hieroglyphen. Der Begriff setzt sich aus „heilig" und „einritzen" zusammen. Man glaubte, die Zeichen seien das Geschenk eines Gottes und sie wurden oft in Stein gemeißelt bzw. -geritzt.

2. c) Vor einigen Tausend Jahren gab es 7 Bauwerke, die die Menschen so faszinierten, dass sie als Weltwunder galten. Leider sind davon bis auf die Pyramiden von Giseh heute keine mehr erhalten.

3. b) In Frankreich zahlte man bis zur Einführung des Euro mit Francs. Daneben gab es noch die Centimes, die unseren heutigen Centmünzen entsprechen.

4. c) Die Anlage heißt Stonehenge. Sie wurde vermutlich in der Jungsteinzeit als Kultstätte gebaut.

5. a) Das Speiseeis wurde vermutlich in China erfunden. Der italienische Händler Marco Polo brachte von einer Reise das Rezept dafür mit nach Europa.

6. b) Als Zeitungsente bezeichnet man eine Falschmeldung in einer Zeitung.

7. a) Deutschland war nach Ende des 2. Weltkriegs 1945 lange in zwei Hälften geteilt: in West- und Ostdeutschland. Erst 1990 wurden beide Länder zur Bundesrepublik Deutschland wiedervereinigt.

8. c) Laut einer griechischen Sage war das Trojanische Pferd ein riesiges hölzernes Pferd, in dessen Bauch sich Soldaten versteckten und so beim Feind eingelassen wurden.

Auflösung Technik-Quiz

1. c) Ein Seismograf reagiert auf Bodenerschütterungen und erkennt ein Erdbeben.

2. b) Die Windstärke wird mithilfe der Beaufort-Skala festgelegt, die sich an der Windgeschwindigkeit orientiert. Die Skala reicht bis 12.

3. c) Als längste Eisenbahnstrecke der Welt gilt die 9288 km lange Transsibirische Eisenbahnlinie, die durch Russland führt.

4. a) Bei der Draisine, benannt nach ihrem Erfinder Karl Friedrich Drais, handelt es sich um ein Laufrad. Damit war sie ein Vorläufer des Fahrrads, hatte aber noch keine Pedale.

5. b) Auf dem größten Kreuzfahrtschiff der Welt, der „Allure of the Seas", finden rund 6300 Passagiere und 2100 Besatzungsmitglieder Platz.

6. c) Den ersten Roboterzoo der Welt gibt es in Portugal. Im „Robotarium X" leben 45 Roboter – streicheln und füttern verboten!

7. c) Ein Blog ist eine Art Tagebuch im Internet.

8. a) Die Rakete Ariane startete erstmals 1979. Sie transportiert Satelliten ins Weltall.

Weitere Informationen zum Kinder- und Jugendbuchprogramm der S. Fischer Verlage finden sich auf www.blubberfisch.de und www.fischerverlage.de

Erschienen bei FISCHER Meyers Kinderbuch

© 2016 S. Fischer Verlag GmbH, Hedderichstr. 114,
D-60596 Frankfurt am Main
„Meyers" ist eine eingetragene Marke des Verlags Bibliographisches Institut GmbH, Berlin.